EL AMANECER DEL TANTRA

Herbert V. Guenther
Chögyam Trungpa

EL AMANECER DEL TANTRA

editorial Kairós
Numancia, 117-121
08029 Barcelona

Título original: THE DAWN OF TANTRA

Traducción: Horacio González Trejo
Diseño portada: Joan Batallé

Primera edición: Septiembre 1976
Cuarta edición: Julio 2019

ISBN: 978-84-7245-081-3
Depósito legal: B-30.762/2003

Impresión y encuadernación: Ulzama digital

Introducción

Los occidentales, deseosos de adquirir conocimientos sobre el tantra —especialmente sobre el tantra budista del Tibet—, se han visto obligados a operar con especulaciones y fantasías. El Tibet ha estado envuelto en el misterio; se ha invocado el «tantra» para designar todo tipo de fantasía esotérica; el budismo ha permanecido como algo indefinido e inaccesible. Los enfoques académicos no han aportado demasiada luz debido a que en su mayor parte eran inexactos o extemporáneos no pudiendo ser plenamente asimilados. **El amanecer del tantra** presenta al lector a un tibetano y a un occidental cuya comprensión del tantra budista es auténtica e indiscutible. Herbert V. Guenther es doctor en filosofía por las Universidades de Munich y Viena. En 1950 se trasladó a la India para enseñar en la Lucknow University y en 1958 ocupó el cargo de Director del Departamento de Filosofía Comparada y Estudios Budistas en la Sanskrit University de Varanasi. Desde 1964 ha sido Director del Departamento de

Estudios del Lejano Oriente en la Universidad de Saskatchewan, en Canadá. En virtud de su lucidez intelectual, su rigor expositivo, el conocimiento del tibetano, el sánscrito y el chino, y su larga e intensa colaboración con los nativos del Tibet, se ha convertido en uno de los pocos occidentales capaces de ahondar en la comprensión de los textos tántricos tibetanos. Sus obras, así **The Life and Teaching of Naropa** y **Tantric View of Life,** nos aproximan a las únicas interpretaciones y comentarios ajustados de la tradición budista tibetana.

Chögyam Trungpa nació en el seno de la tradición budista tántrica. En tanto que décimo primera encarnación del **linaje** de maestros espirituales Trungpa, a los dieciocho meses de edad fue entronizado como abad de un grupo de monasterios del Tibet oriental. A partir de los tres años recibió una educación intensa en las disciplinas intelectuales y meditativas del budismo. A los catorce años asumió plenamente sus responsabilidades, tanto espirituales como temporales, y se convirtió en maestro de la meditación budista tántrica. Su iniciación occidental comenzó en 1959, cuando huyó de la invasión chino-comunista en el Tibet. Vivió su primera experiencia del mundo moderno en la India, donde estudió inglés durante cuatro años. A partir de ese momento comenzó a recorrer Occidente. Estudió religiones comparadas en Oxford y fundó un centro de meditación en Escocia. En 1970 llegó a Estados Unidos, donde publicó varias obras, entre ellas **Cutting Through Spiritual Materialism.** Fundó una serie de centros de meditación, una comunidad de trabajo dedicada al estudio del arte y del teatro y otra de ayuda a los enfermos mentales, todo ello basado en los principios del tantra. No permaneció enclaustrado sino que se encaró, a nivel erudito, absoluta y francamente con el pensamiento occidental. Llegó a dominar la poética inglesa.

Después de trabajar buscándose, por así decirlo, durante años, el Dr. Guenther y Chögyam Trungpa coincidieron en Berkeley (California) en 1972, donde juntos dieron un seminario público sobre tantra budista. **El amanecer del tantra** es el testimonio de este seminario e incluye parte de la discusión general. El capítulo dedicado a la visualización pertenece a un seminario que dictó Trungpa en San Francisco, en 1973. El capítulo «Iniciaciones y transferencia del poder» corresponde a una conferencia ofrecida por el Dr. Guenther durante su visita al centro de meditación de Trungpa en Boulder (Colorado) en 1973. Desde entonces es lector del Naropa Institute, una Universidad creada por Trungpa en el mismo lugar.

Guenther y Trungpa son los polos vivientes de la tradición tibetana del tantra budista y del actual mundo cotidiano de los Estados Unidos. Ardiente y libremente intercambian y transmiten conocimientos en ambos sentidos sin dar tregua a los espejismos o creencias basadas en la pura ilusión.

Capítulo I

EL TANTRA: ORIGEN Y ESENCIA

Desde que surgió por primera vez en Occidente el término **tantra** hasta nuestros días, ha sido objeto de graves interpretaciones erróneas. Se incorporó al vocabulario inglés en 1799, cuando los misioneros establecidos en la India descubrieron obras tántricas, cuando no budistas. En verdad, en aquella época, en Occidente apenas se sabía que existía algo llamado budismo. El término tantra fue conocido sólo como designación de aquellas obras cuyo contenido era muy diferente del que la gente esperaba encontrar en obras filosóficas y religiosas. A la mayor parte de los misioneros les asombró que otras personas tuvieran ideas religiosas y filosóficas tan distintas de las suyas. Para ellos, la palabra tantra no significaba nada más allá de esos escritos, pero como desde su punto de vista el tema abordado en ellos era tan poco común, dicha designación comenzó a adquirir una connotación peculiar que sin un análisis correcto de los textos, no se habría confirmado. Lamentablemente —tanto en este caso como en muchos otros—, una vez que se ha desarrollado un concepto erróneo, se requiere un esfuerzo casi sobrehumano para desterrar y rectificar las ideas falsas y las connotaciones ajenas que han contribuido a formarlo. Intentaré exponer qué significa realmente el término tantra, en un sentido conceptual.

En principio, es necesario distinguir entre el tantra de la tradición hinduista y el de la tradición budista. Durante mucho tiempo estas dos tradiciones —ambas originarias de la India— emplearon un mismo lenguaje: el sánscrito. Pero cada una de ellas asignó significados peculiares a su forma de expresión. Lo que un término específico significaba para una de dichas culturas no significaba necesariamente lo mismo para la otra. Cuando se iniciaron los estudios en Occidente —lo que ocurrió hace relativamente poco tiempo— los primeros investigadores dieron por sentado que, puesto que los budistas empleaban las mismas palabras sánscritas que los hindúes, expresaban lo mismo. Esta fue la primera entre otras muchas conclusiones erróneas que se extrajeron.

Abordemos la comprensión del tantra tal como se desarrolló en la tradición budista. Desde un principio se ha utilizado el vocablo sánscrito **prabandha** en estrecha relación con el término tantra. Prabandha significa continuidad. Se refiere a una continuidad del ser, que se divide en dos planos: debemos partir de algún punto y luego seguir un determinado camino (y tal vez alcanzar una meta). Esta es la forma en que se ha presentado el tantra. Se refiere a una situación humana inmediata que surge de la cuestión del cómo **seremos.** El tantra también considera la cuestión del cómo seremos en términos de relación, considerando que el hombre siempre está relacionado con algo o con alguien.

El tantra se aproxima a la cuestión del ser por diversos caminos; en consecuencia, existe más de una forma de presentarlo. La primera aproximación se denomina **Kriyatantra.** El Kriyatantra expresa la forma en que actúa la persona. **Kriya** significa «acción». En este caso la acción se considera simbólicamente y se aborda en términos de ritual. La idea de ritual no debe desconcertarnos. Un ejemplo de ritual es la costumbre que tiene el hombre de descubrirse cuando se cruza con una dama. Es un tipo de gesto formal y también un modo de establecer relaciones humanas. El Kriyatantra pone el énfasis en las relaciones tal como se expresan en este tipo de gesto formal. En este caso el énfasis tiene amplio alcance y abarca diversos aspectos de las relaciones. El Kriyatantra es más singular en su enfoque de las relaciones humanas en tanto que se ocupa de sus estadios más simples y primitivos.

La primera forma de relación es la de un niño con sus padres, lo que implica un tipo de dominación: alguien debe decirle al niño qué hacer y qué no. Cuando esta situación de relación es traspuesta a un contexto religioso, surge la idea de que el hombre está subordinado a una entidad trascendental. Quizá sea ésta la idea generalmente aceptada y también la estructura del Kriyatantra. En este caso el iniciado trata de ganar el apoyo de aquél con quien se relaciona, que junto con el fuerte énfasis ritualista constituye las dos características principales del Kriyatantra. Este tantra también pone el acento en la purificación, cuyo ritual incluye diversas abluciones. La importancia de algunas de ellas es puramente simbólica y tal vez el sentido de limpieza que implica pueda parecer algo exagerado. No obstante, debemos comprender que la sensación de estar limpio puede resultar extremadamente importante en un contexto emocional como éste. Adquiere un significado mucho más profundo que cuando alguien, en circunstancias corrientes, dice: «Antes de comer lávate las manos.» Así, el énfasis puesto en la pureza es otra característica del Kriyatantra.

Pero el hombre no se satisface con que le digan, meramente, lo que debe hacer. También es un ser pensante y hará preguntas. Y en este punto surge otra aproximación al tantra, conocida como **Caryatantra.** El tantra se refiere, nuevamente, a una situación de relación. Pero en este caso ya no sólo nos concierne cumplir determinadas reglas de relación aceptadas sino también, hasta cierto punto, comprender sus implicaciones, lo que señala el comienzo de cierto cuestionamiento de nosotros mismos. ¿Por qué hacemos determinadas cosas? ¿Por qué nos comportamos de tal o cuál modo? Seguramente no descartamos nuestra conducta pero nos preguntamos por su significado, es decir, pensamos más en ello. Tratamos de alcanzar su comprensión, y esta comprensión puede significar una forma de meditación.

Comienza a existir un equilibrio entre pensamiento y acción. A este cambio en la mera aceptación previa de la autoridad corresponde un cambio en el carácter de nuestra relación con aquél con quien nos relacionamos. Ya no se trata de que el amo le diga al sirviente o al esclavo lo que debe hacer. Ahora existen sentimientos de familiaridad y camaradería que corresponden más a una situación de igualdad. Uno de ellos sigue dispuesto a aprender pero el otro se da cuenta de que ahora se encuentra en la misma situación que el primero. Se trata de una relación de amistad y la amistad sólo puede basarse en la aceptación del otro con todos sus derechos. La servidumbre invalida la amistad.

Pero la amistad puede desarrollarse aún más allá de esta primera familiaridad. Con frecuencia, la amistad anticipa el que deseemos descubrir algo más acerca de la relación. ¿Cuál es el contenido valioso que nos compele a cultivar esta relación? Este proceso de esclarecimiento conduce a un mayor desarrollo de la comprensión. El énfasis cambia de nuevo. Este nuevo aspecto que concierne a la situación global de la relación nos conduce al **Yogatantra.**

El término **yoga** tiene varios significados. En el contexto budista, significa «guarnecer». Etimológicamente se relaciona con el vocablo inglés «uncir» o «unir» y significa guarnecer o atar todo lo que hay en nuestro interior con el fin de alcanzar una mayor comprensión. La situación que enfatiza esta cuestión se denomina Yogatantra. En este caso surge una cooperación colectiva que supera a la que existe entre dos amigos. Pero aún es posible perfeccionar la relación, ya que todavía consideramos al otro ligeramente distinto de nosotros. Surge entonces la cuarta aproximación, el **Mahayogatantra.**

Fundamentalmente, **Maha** significa «grande», pero en este caso no se utiliza como opuesto a pequeño, sino en el sentido de que no puede existir nada más grande. Se emplea en un sentido absoluto. El Mahayogatantra contiene parte de esta naturaleza de absoluto en su aproximación a la situación de relación. Ya no hacemos distinciones: somos espontáneos, libres. Ya no se plantea la cuestión de que el otro sea o no mi amigo. Existe una unidad total: somos sólo uno.

En los tantras se da, pués, una progresión ascendente [o descendente] que parte del nivel en que el niño se relaciona con sus padres para desembocar en el de la completa madurez. Por lo tanto, cuando empleamos el término tantra, no sólo nos referimos a una situación particular, sino que además describimos un proceso de crecimiento, un proceso de desarrollo interior que tiene lugar cuando tratamos de entender lo que existe. Este proceso continúa hasta que alcanzamos la evaluación correcta de la experiencia, la forma correcta de considerarla. Existe una relación dialéctica entre la acción, el modo en que nos comportamos y la comprensión que alcanzamos. Cuanto más sabemos y aprendemos acerca de otra persona, más respondemos a ella. Comenzamos a comprender qué necesita y dejamos de imponer la idea de lo que creemos que necesita. Empezamos a estar en condiciones de ayudar a esa persona a encontrar su propio camino.

Esto nos conduce a la implicación práctica del tantra. El tantra, como forma de evolución interior, nos permite ver más, por lo que nos convertimos realmente en individuos más que en meras entidades en un contexto amorfo. Pero el tantra va aún más allá, más allá de la idea de crecimiento o progreso. Dentro de la tradición existen más estadios y subdivisiones que nos enseñan que incluso después de haber aprendido a relacionarnos adecuadamente con nuestros problemas, la vida continúa. La idea consiste en entender que la práctica espiritual es un movimiento continuo. Sólo desde el punto de vista del pensamiento discursivo, comenzamos en algún punto, progresamos o avanzamos, y luego alcanzamos cierta meta. No se trata de que al lograr el esclarecimiento, el proceso se complete y todo llegue a su fin. Por el contrario, el hecho consiste en que continuamos viviendo, de modo que constantemente debemos volver a empezar. Pero a través de los estadios previos, hemos encontrado un camino, un modo de relación, una cierta continuidad. Esta continuidad en el modo de relacionarse es el significado último del tantra. En cierto sentido, se trata de un punto sumamente sencillo. Empero, en general descubrimos que rara vez nos hemos enfrentado con algo más difícil que este tipo de simplicidad.

Capítulo II

LOS CIMIENTOS DEL TANTRA

El profesor Guenther y yo llegamos a la conclusión de que el mejor modo de encarar juntos el tema del tantra consistía en que él se ocupara del **prajna** o aspecto teórico y que yo tratara el **upaya,** es decir su aplicación práctica.

Desde una perspectiva práctica, la base del tantra se propone, como cualquier otra enseñanza del budismo, alcanzar la iluminación. Pero la aproximación a la iluminación propia del tantra es ligeramente distinta. En lugar de aspirar a la consecución del estado iluminado, el enfoque tántrico se ocupa de la continuidad de la mente iluminada en todas las situaciones y también de su discontinuidad constante.

La experiencia a nivel tántrico corresponde al más elevado y pleno estado del ser que pueda lograrse. Por otro lado, el tantra no sólo se ocupa de alcanzar la iluminación sino de relacionarse correctamente con las situaciones.

Se ha exagerado mucho al tratar los pintorescos y

variados atributos del tantra. Uno habla de sus diez aspectos especiales. Está el **sadhana,** es decir, el método o práctica; existen las prácticas de meditación; existe la comprensión de la naturaleza innata de uno a través de la identificación con diversas deidades y así sucesivamente. La naturaleza fundamental del tantra puede definirse en términos de diez caminos de este tipo en los cuales se diferencia de las enseñanzas sutra.

La enseñanza tántrica se divide en tres categorías: **dharmakaya, sambhogakaya** y **nirmanakaya.** Todas las enseñanzas tántricas incluyen estos tres aspectos. La enseñanza del tantra en términos de las tres kayas también puede relacionarse con los tres caminos principales del budismo. El aspecto nirmanakaya del tantra se asocia con el Hinayana, el camino de la disciplina monástica. El aspecto sambhogakaya del tantra podría considerarse como el lado Mahayana; se refiere a diversas prácticas yogas que tratan de **prana, bindu, nadis** y así sucesivamente. El aspecto dharmakaya o Vajrayana del tantra se ocupa del ser puro o ser como tal. En tibetano esto es denominado como **de-kho-na-nyid,** «aquél que es, aquél que sencillamente es». Este es el aspecto esencial de la enseñanza tántrica. No obstante, la cualidad básica de continuidad se prolonga más allá incluso de este punto.

Las palabras tibetanas que designan sutra y tantra ofrecen cierta comprensión acerca de la diferencia entre los dos tipos de enseñanza. El vocablo tibetano que designa sutra es **mdo,** que significa «confluencia» o «unión». Es un punto en que las cosas pueden encontrarse, coincidir, concluir juntas. Es, en definitiva, el punto en que las enseñanzas pueden confluir con los problemas de la vida cotidiana. Analicemos las conclusiones de las Cuatro Verdades Nobles: sufrimiento, el origen del sufrimiento, el cese del sufrimiento y la senda. Estas conclusiones coinciden con todos los tipos de conflictos mentales humanos. Como sabemos, tantra significa «continuidad», por lo que implica algo más que unión. Desde la perspectiva tántrica, la únión de los sutras carece de importancia. Unión no es más que la experiencia rutilante de la comprensión, un atisbo súbito de algo que se une debido a que repentinamente dos aspectos de toda la experiencia se encuentran en una relación caótica desde el punto de vista del entorno corriente, orientado hacia el ego. El amor y el odio, por poner como ejemplo las emociones, se unen. La integridad del odio, que depende del entorno del ego, encuentra la cualidad egotista del amor. Súbitamente, odio y amor son una misma cosa y, repentinamente, ninguno de los dos existe. El territorio yoico de la situación acaba de estallar. Así, se unen aspectos de la situación y se produce una expansión. En el momento de la unión, tiene lugar un estallido que no es más que el descubrimiento de la verdad.

El tantra no enfatiza de manera rígida este instante del descubrimiento de la verdad, pues no está tan interesado en la verdad en tanto que opuesta a la confusión. El principio del tantra es, más bien, la continuidad que atraviesa tanto la verdad como la confusión. En tibetano tantra se denomina **rgyud**, que semeja el hilo que atraviesa los abalorios. Se prolonga desde el principio a través del medio y el fin. Uno habla del territorio propio del tantra como continuidad, de ésta como la senda del tantra y también como complacencia. De este modo, el tantra comienza por el principio, prosigue por la senda y concluye en la meta o complacencia. Pero no concluye exactamente en ese punto. Concluye en términos de la práctica mas no lo hace en términos de consecución. Todavía existe el campo de lo que se denomina actividad de Buda. La imagen general consiste en que uno alcanza primero las experiencias de nirmanakaya, luego de sambhogakaya, más tarde de dharmakaya. Al haber alcanzado las experiencias esenciales, comienza la actividad de Buda y uno retorna del dharmakaya a sambhogakaya y de ahí al nirmanakaya. Habiendo alcanzado las experiencias cumbre, uno retorna con el objeto de relacionarse con seres conscientes, personas que están confundidas, relacionarse con ellas a través de la palabra, el cuerpo o lo que sea adecuado. Uno habla el mismo lenguaje que ellos. Así, el tantra va más allá del nivel de la complacencia.

En la tradición tántrica, el ego la confusión o ignorancia están personificados como **Rudra.** Todas las tradiciones tántricas del budismo se ocupan de la humillación de Rudra, el Rudra del ego. El principio del Rudra se divide, sobre todo en la tradición Atiyoga, en el ego del cuerpo, el ego de la palabra y el ego de la mente. Con ello se expresa la fijación o apropiación de los elementos del cuerpo, la palabra y la mente por parte del ego en relación con su seguridad o expansión. Al hablar de la fijación del cuerpo no nos referimos a una devoción puramente física —digamos, por ejempo, la lujuria— como una cuestión puramente física. Hablamos de la situación mente-cuerpo, el aspecto corporal de nuestra mente, su aspecto sólido que necesita de una alimentación, un refuerzo constante. Precisa la afirmación continua de que es íntegro. Este es el Rudra del cuerpo.

El Rudra de la palabra expresa la consolidación del elemento que se relaciona tanto con el cuerpo como con la mente pero que, a su vez, ignora con cuál de los dos. Esta cualidad es una cualidad de duda o inseguridad, ignorante de si el fundamento de uno es el aspecto fijo del cuerpo —el nivel físico de las texturas y los colores de la vida— o quizá la situación emocional, ya sea de amor u odio. Esta inseguridad, esta inconstancia irresoluta, es la palabra (el mantra, si se prefiere), la voz. Esta fijación es el Rudra de la palabra.

El Rudra de la mente cree fundamentalmente que, si se ha de alcanzar un estado superior de desarrollo físico, ha de ser elaborado más que descubierto. Rangjung Dorje, gran maestro de la tradición Kagyü, al interpretar el **Hevajra Tantra**, sostiene que el materialismo esencial consiste en suponer que la naturaleza búdica puede elaborarse mediante un esfuerzo mental, la gimnasia espiritual. De modo que eso es el materialismo psicológico y espiritual: el Rudra de la mente.

Estos tres principios del Rudra fijación y la integración de la seguridad del cuerpo; la fijación a nivel emocional de estar incierto pero de aferrarse a algo; la fijación a nivel mental de creer en algún principio salvador esencial en definitiva, algún principio fuera de la naturaleza de uno que, por así decirlo, pueda bastar— configuran una de las principales acciones del tantra en la medida en que se consagra a superarlos.

Los tres principios del Rudra también se corresponden con las tres divisiones del tantra. Al principio, con el objeto de relacionarse con el Rudra del cuerpo, el discípulo ha de iniciar el estudio tántrico a nivel Hinayana. Este incluye prácticas como las **satipatthana,** que el Hinayana desarrolló para educar la mente. Estas prácticas se concentran en la respiración, el caminar y otros movimientos corporales. Simplifican la naturaleza básica de la integridad. Esto se podrá comprender fácilmente si asimilamos que este tipo de solidificación que el ego logra de su espacio se basa on una actitud que confía en la complejidad. Centra su confianza en respuestas muy complicadas, en una lógica muy complicada. Satipatthana es un modo de simplificar la mente lógica, que en este caso es el cuerpo, puesto que se relaciona con algo muy sólido y definido. La mente lógica intenta fijarse, aferrarse, cogerse y, de este modo, proyecta continuamente algo definido y sólido. Así, la práctica Hinayana fundamental, al simplificar todas las actividades de la mente reduciéndolas a la respiración o movimiento corporal disminuye la intensidad del Rudra del cuerpo. No lo trasciende ni lo libera a uno específicamente pero, al menos, reduce su intensidad.

El estadio siguiente, que se ocupa del Rudra de la palabra, se sitúa a nivel sambhogakaya. La tradición tibetana ha desarrollado, de cara a esta etapa, infinitos tipos de prácticas. En primer lugar, están las cuatro prácticas fundamentales: cien mil postraciones, cien mil repeticiones de la fórmula de refugio, cien mil repeticiones del mantra Vajrasattva de cien sílabas y cien mil ofrendas del cuerpo, la palabra y la mente como la totalidad del universo. Estas prácticas tántricas preliminares a nivel sambhogakaya se relacionan con prana, nadis y bindu. Estas últimas se basan en el empleo de la velocidad, el movimiento, el ritmo de la mente confusa. Simultáneamente, hay algo muy definido en estas prácticas. Uno no puede llevarlas a cabo sin relacionarse con la verdadera naturaleza del cuerpo, la palabra y la mente. Ocupan una especie de campo intermedio entre la confusión y la claridad. Y el principio básico de continuidad del tantra es la razón fundamental de todo.

Al haber practicado las satipatthana al nivel Hinayana o nirmanakaya (que incluye las prácticas **samatha** y **vipassana**), al haber completado las cuatro prácticas fundamentales al nivel Mahayana o sambhogakaya, el discípulo está preparado para tener una visión fugaz del gurú, de la relación y la práctica verdadera con el gurú, del auténtico compromiso con el gurú. En este punto se incluye la práctica yoga gurú para alcanzar la unión con el gurú. Cuando esto ha sido completado, tiene lugar lo que se denomina **abhisheka,** que podría traducirse como «iniciación» o confirmación». Se trata de la incorporación al nivel dharmakaya.

Existen cuatro niveles de abhisheka y todos tienen lugar en el interior de un reino espacial en el que el discípulo y el maestro se encuentran y, en lo más hondo, se comprenden. Esta comprensión es consecuencia de las prácticas anteriores. El estudiante se ha relacionado con su cuerpo, ha aprendido a reducir la tensión de los músculos, las venas, las emociones y la sangre. Todo tipo de circulación ha sido frenada. Por fin el discípulo puede relacionarse con el espacio esencial a través de su relación y unión con el maestro. En la tradición zen esto se conoce como trasmisión. Parece darse en el mismo encuentro de dos mentes tal como ocurre en el tantra.

A partir de esta breve síntesis podemos comprobar que la práctica del tantra no es sencilla. El discípulo ha de comenzar por el principio. Debe tomar conciencia del principio de doblegar la mente. La comprensión del principio de Rudra provoca la disolución del ego o carencia de Rudra. Ha de conocer su propia situación corporal a través de las prácticas tántricas preliminares. Luego, a través de abhisheka, puede alcanzar la rendición última. Considerada como totalidad, la práctica del tantra es semejante a la construcción de una casa. Primero se echan los cimientos, luego se construye la planta baja y después el primer piso. Más tarde, si se desea, se puede colocar un techo de oro. Hemos considerado el sutra o aspecto Hinayana dentro del tantra, el aspecto Mahayana dentro del tantra y luego las sutilezas últimas del tantra dentro de sí mismo. Vista así, toda la práctica del budismo puede ser considerada como tantra, aunque tal vez todos los budistas ajenos a la tradición histórica del tantra no estén de acuerdo con esto.

Capítulo III

YOGACARA Y LA SUPREMACÍA DE LA EXPERIENCIA

La idea del tantra como continuidad nos lleva a examinar la filosofía Yogacara, pues esta primitiva escuela hindú de filosofía budista contribuyó a su desarrollo.

La escuela Yogacara lleva este nombre debido a que su filosofía conduce a la ampliación, al trabajo sobre uno mismo: yoga, uncir o unir. En Occidente ha recibido diversos nombres y uno de los más comunes (también conocido en Japón) es **cittamatra,** que generalmente se traduce como «sólo-mente». Ahora bien, el significado de la palabra «mente» es muy confuso y conlleva significados distintos para todo el mundo. Intentemos asimilar cómo comprendió este vocablo la escuela Yogacara.

De manera estricta, el sistema Yogacara no es uno solo sino que incluye diversas tendencias filosóficas que, en cierto modo, son muy distintas. Están reunidas bajo este título a causa del principio fundamental que comparten: la idea de que los tres mundos (el mundo de la sensualidad, el mundo de la forma y el mundo de la no-forma) son cittamatra, sólo mente.

Desde la antigüedad la palabra **citta** (mente) fue empleada para designar no tanto un «recipiente» de pensamientos —como quizá nosotros solemos entenderla— sino algo que se semejaba más a una cámara de compensación que podía acumular y transmitir impresiones. Era pensada como algo semejante a una batería. Se la podía cargar y, cuando esto había ocurrido, hacía algo. Poseía doble función lo que es preciso tener en cuenta si queremos comprender la idea de cittamatra. En primer lugar, puesto que el concepto de citta gira en torno a la acumulación y transmisión de la experiencia, sería más exacto traducir la idea de cittamatra como «sólo cuenta la experiencia».

El budismo siempre ha subrayado en gran medida la experiencia. El carácter de los cuatro axiomas básicos del budismo es altamente experimental. El primer axioma afirma que todo es transitorio; el segundo que todo es frustrante; el tercero que todo carece de esencia: el cuarto que el nirvana es la gloria eterna. Los tres primeros axiomas están estrechamente relacionados con nuestro modo de asumir la vida. Observamos la vida y vemos que nada permanece; sentimos que enfrentarnos con el intento de construir algo sobre esta base se torna muy frustrante. En ese momento pensamos y nos preguntamos: «¿cómo es esto?, ¿por qué es así?». Recibimos la respuesta que dice que si todo es transitorio no puede tener esencia; puesto que una esencia es, por definición, el principio por el cual algo es lo que es. Si comenzáramos a razonar a partir de la idea de una esencia no podríamos explicar la transitoriedad ni la frustración constante que experimentamos.

Ahora bien, la frustración constante nos hace sentir que otro modo de ser puede ser posible. En este punto entramos en el cuarto axioma que afirma que el nirvana es la gloria eterna. Ananda, el discípulo de Buda, le preguntó cómo podía hacer tal afirmación después de haber dicho que las sensaciones y todas las formas afines eran transitorias. El Buda respondió que sólo había calificado al nirvana como gloria eterna por vía del lenguaje, que de este modo no hacía un juicio de las sensaciones como ocurre cuando decimos que algo es placentero. El vocablo que utilizó para decir gloria eterna fue **sukha,** que está muy cerca de aquello a lo que nos hemos referido como experiencia cumbre. Parece que en esta experiencia todas las concepciones y juicios, inclusive la idea de uno mismo, se diluyen totalmente. De modo que cuando habla de gloria eterna se refiere a lo que trasciende la transitoriedad, la permanencia o cualquier otra forma. En los sistemas filosóficos budistas posteriores, en especial el tantra, encontramos que nuevos desarrollos con respecto a este estado han tenido lugar hasta el punto en que ha desaparecido hasta el último vestigio de la experiencia como tal. Incluso se ha evaporado la posibilidad de decir: «he tenido tal y cual experiencia». Esta postura derivó directamente de la idea de los Yogacaras según la cual «sólo cuenta la experiencia».

Pero queda en pie la pregunta del por qué nos encontramos siempre en el reino de la frustración. Y más allá, ¿cómo podemos comprender el hecho de que nuestro sentimiento de frustración permanente nos lleve a sentir que existe algún otro modo de experiencia que se libra de dicha frustración? Para alcanzar las respuestas a estas preguntas debemos profundizar aún más en nuestra comprensión del vocablo citta.

Los Yogacaras desarrollaron una comprensión de citta que implicaba ocho aspectos. En realidad, estaban tratando de describir el proceso por el cual citta surge de su estado primitivo, no calificado e incondicionado y se desliza hacia nuestro modo corriente de pensar. Si comprendemos cabalmente este proceso, podremos suprimirlo y dejar que nuestras mentes permanezcan en el estado primitivo. Esta sería la experiencia cumbre.

Al describir este proceso, los Yogacaras emplearon el concepto de **alayavijnana**, concepto que ha sido aplicado de distintas maneras por las diversas escuelas budistas y que es muy importante en la tradición tántrica. El alayavijnana ya se diferencia del **alaya** o fundamento básico. Adoptamos este último para los propósitos de la comunicación, sin afirmar que se trata de una entidad ontológica. El alayavijnana ya es una tendencia en desarrollo hacia la escisión que generalmente describimos como sujeto y objeto. Vemos que citta es un factor dinámico más que una concepción estática. En función de la alayavijnana, se encuentra en transformación constante. desarrollándose en formas aún más dualistas.

En este punto podemos observar la influencia de la vieja concepción de citta como algo que acumula algo y, una vez que esta acumulación ha alcanzado a desbordarse, debe ser descargada. Esta idea de capacidades acumuladas de experiencia que en algún momento han de ser realizadas se encuentra constantemente presente en la filosofía budista. Las formas precisas que hacen que el alayavijnana funcione de este modo se denominan **vasanas**, depósitos de las capacidades. Se desarrollan de acuerdo con dos principios: el de la similitud intrínseca y el de la adopción de diversas formas específicas según las situaciones. Por ejemplo, un científico puede, a modo de experimento, coger algunas células renales y trasplantarlas a alguna otra parte del cuerpo, digamos a un brazo. No se desarrollarán como células dérmicas sino que seguirán haciéndolo como células renales. Este es el primer principio. Pero el modo en que se desarrollen estas células renales variará, en tanto que células renales, según una multiplicidad de situaciones. Algunas personas sufren problemas renales y otras no. De este modo queda ilustrado el segundo principio.

Como hemos señalado, lo que se desarrolla durante la transformación de citta es una escisión. Como paso inicial en la génesis de la experiencia a partir del proceso conocido como alayavijnana se desarrolla también lo que en sánscrito se llama **manes** y en tibetani **yid.** Este aspecto de citta se remonta y adopta la unidad original a partir de la cual se desarrolló su entidad real .Esta unidad original es lo que los hindúes consideran como el ser ontológicamente verdadero.

Los hindúes describieron la unidad original como el ego trascendental y el manas como el ego empírico. Los budistas rechazaron la reificación de estos aspectos pues habían visto que todos pertenecían a la unidad de un proceso de transformación. Según Yogacara la escisión que se produce contrasta, meramente, una forma limitada con una forma primitiva vital. En ese momento manas o yid se convierte en la fuente de todas las funciones mentales posteriores en el modo en que indica la conversión común cuando decimos «comprendo» o «me parece». Pero todas estas funciones mentales forman parte del proceso total de transformación.

De acuerdo con la perspectiva del Yogacara, la fuente original (el alayavijnana) es indiscernible y neutral desde un punto de vista ético o kármico. Cuando se produce la escisión la fuente original queda manchada, pero el movimiento mental en particular no está determinado como éticamente positivo o negativo. Esta determinación tiene lugar a través de elaboraciones del movimiento que lo especifican aún más. Tales elaboraciones adoptan la forma de nuestra percepción sensorial y de nuestra percepción con el tradicional sexto sentido budista, al que vagamente podríamos denominar conciencia; en una palabra, la percepción categórica que convierte las categorías en datos sensibles sin abstraerlos de ella. Así, el alayavijnana, el mana y los seis sentidos constituyen los ocho aspectos de citta.

El proceso de transformación que hemos descrito es de una angostura y de un congelamiento crecientes.

De algún modo estamos limitados a nuestros sentidos, al modo corriente de percepción. Apenas percibimos que otra cosa también podría haber sido posible. Si intentamos expresar esta situación en términos religiosos tradicionales, podemos afirmar que el hombre es un ser destinado a caer. Pero en este caso no ha caído porque ha pecado o transgredido algún mandamiento exterior a él, sino por el mismo hecho de moverse en una dirección determinada. El budismo describe esta situación, técnicamente, como **bhranti,** en sánscrito, o **'khrul-pa,** en tibetano, que, generalmente, se traduce como «error». Conviene resaltar que, para el pensamiento occidental, error supone culpabilidad cuando en este caso no se implica absolutamente ninguna culpabilidad. Quizá tenderíamos a sentir que podríamos haber hecho otra cosa pero, aquí, tal actitud no tiene lugar. El proceso es una especie de extravío que sencillamente ocurre. La idea del pecado es irrelevante.

No obstante, seguimos teniendo el sentimiento de que algo salió mal. En consecuencia, si aceptamos nuestra experiencia corriente como error, podemos formular la siguiente pregunta: «¿el auténtico conocimiento es posible?». Pues bien, la pregunta misma ya implica su posibilidad. Es decir, la sensación de error contiene la sensación de verdad. No podríamos conocer el error sin el conocimiento infalible. Es aquí donde aparece la oscilación entre error y conocimiento que ofrece la posibilidad de retorno a lo que hemos designado como estado original o primitivo.

En este caso, «original» no se refiere al sentido de «principio». Hablamos de él como estado original debido a que sentimos que nuestra carga de poder creativo proviene de allí. Experimentamos una energía que sabemos era del más alto valor, totalmente distinta al tono de nuestra experiencia corriente. En la tradición tántrica la aprehensión existencial de este estado original, o inédito, se conoce técnicamente como **mahasukahkaya.**

En la tradición budista corriente existe nirmanakaya, sambhogakaya y dharmakaya. Si queremos enfatizar la unidad de las tres y evitar toda tendencia a concretarlas separadamente, hablamos de la totalidad como svabhavikakaya. No se trata de una cuarta kaya sino de la unidad de las tres. La mahasukahkaya es un agregado significativo a este cuadro que comenzó con el tantra. **Sukha** significa «gloria eterna»; **maha** significa «que no puede haber nada más grande». Aquí surge, una vez más, la experiencia cumbre y esto siempre se siente como el ser o estar siendo, lo que nos remite a khaya.

Khaya se traduce como «cuerpo», aunque no en el sentido de abstracción puramente física que con frecuencia hacemos al definir «cuerpo» cuando decimos que una cosa es nuestro aspecto mental y otra nuestro aspecto físico. Se trata de un equívoco. No hay un cuerpo sin una mente. Si tenemos un cuerpo sin una mente, no se trata de un cuerpo sino de un cadáver. Es un mero objeto del que desprenderse. Si hablamos adecuadamente de un cuerpo nos referimos a algo que está vivo y no podemos tener un cuerpo vivo sin una mente. Así, ambos no pueden separarse, van juntos.

De este modo mahasukanhkaya es un factor existencial del más alto valor. No estamos haciendo una asignación arbitraria de valor. Sucede que se tiene la sensación de que éste es el único valor absoluto. Este valor absoluto puede recuperarse invirtiendo el proceso de error, de extravío; invirtiendo la energía que fluye en una dirección y se congela, se torna menos activa. Este proceso de congelación hace que nos sintamos encarcelados y limitados. Ya no somos agentes libres, por así decirlo, sino que estamos en samsara.

La respuesta a la pregunta de si existe o no alguna alternativa a la frustración permanente en la que vivimos es afirmativa. Sí, si estamos dispuestos a encontrar lo inicial, original, primitivo o cualquiera que sea la palabra que se quiera emplear —el lenguaje es tan limitado— y dispuestos también a enseñarlo como valor. Esto es, en definitiva, mahasukhakaya.

La posibilidad de retornar al origen ha sido puesta de manifiesto bajo la forma de ciertos símbolos de transformación, por ejemplo el mandala. La transformación de la percepción corriente en conciencia intríseca primitiva puede tener lugar cuando tratamos de ver las cosas de distinto modo, tal vez como lo hace un artista. Todo artista sabe que es capaz de ver de dos modos distintos. El modo corriente se caracteriza por el hecho de que siempre la percepción está relacionada con el logro de algún otro fin distinto a la percepción en sí. Se usa la percepción como un medio más en lugar de que se manifieste como algo en sí misma. Pero también podemos contemplar las cosas y disfrutar estéticamente de su presencia.

Si contemplamos un hermoso crepúsculo podemos mirarlo como lo hace un físico y considerarlo como un sistema de longitudes de onda. También podemos verlo como un símbolo conmovedor de la discontinuidad de todas las cosas y sentirnos impulsados a la tristeza. Pero esto tampoco es exactamente el crepúsculo en sí. Existe una diferencia definida cuando lo miramos tal como es y gozamos del inmenso juego de colores que aparece con toda su dramática intensidad. Cuando miramos de ese modo, descubrimos inmediatamente cuán libres nos volvemos. Toda la red de factores mentales a través de la cual frecuentemente nos movemos, desaparece. Cualquier persona puede experimentarlo pero, naturalmente, exige esfuerzos.

El arte del mandala ha sido desarrollado para ayudarnos a ver las cosas en su intensidad intrínseca. Aunque todos los mandalas son fundamentalmente semejantes, cada uno es singular. Por ejemplo, los colores empleados varían en gran medida según el entorno básico de los iniciados. La índole de un mandala determinado es conocida como dhatu-tathagatagarbha. En este caso, dhatu se refiere al factor del entorno individual específico. Tathagatagarbha alude a la mente despierta o condición de Buda. Así, es posible ver un mandala determinado como un índice específico de la mente despierta. Se tiene el cuidado de relacionarlo con las características individuales de cada uno debido a que, aunque cada persona es capaz de alcanzar el estado de Buda, ha de partir desde el aspecto de éste que se manifieste con más fuerza en su propia persona.

Un proverbio zen afirma que incluso una brizna de hierba puede convertirse en un Buda. ¿Cómo debemos entender esto? Normalmente consideramos que una brizna de hierba pertenece, sencillamente, al mundo físico; ni siquiera es un ser consciente ya que no tiene sentimientos, no hace juicios, no experimenta percepciones. La explicación reside en que todo es de la naturaleza de Buda, de modo que la hierba también es de esta naturaleza. No se trata de que, en algún modo, contenga la naturaleza de Buda, de que podamos mordisquear analíticamente los diversos atributos de la brizna de hierba hasta que no quede nada salvo algún indefinido factor residual al que etiquetamos como naturaleza de Buda. Más bien, la brizna de hierba constituye realmente lo que denominamos condición de Buda o valor esencial.

En este sentido, una brizna de hierba o cualquier otro objeto puede constituir un símbolo de transformación. Toda la idea de los símbolos de transformación se hizo posible gracias al desarrollo filosófico de los Yogacara, que vieron que lo que llega hasta nosotros a través de vehículos terrenales, por así decirlo, los elementos de nuestra experiencia corriente, es la mente fundamental, el valor esencial. Pues lo último e inédito nos llega de forma inteligible. Así, ciertos símbolos como los mandalas, que para nosotros ya son parcialmente inteligibles, pueden utilizarse como pasos hacia la experiencia cumbre

Estos símbolos existen y difieren según las necesidades de los individuos. A través de ellos, podemos entrar en el mundo de los círculos —este es el significado literal de **samsara**— o también podemos hallar nuestra salida al mismo. Pero la salida sólo se encuentra en el mundo en el que estamos. No existe ningún otro más allá del mundo en que vivimos. Este es uno de los significados principales de la filosofía budista que, con frecuencia, resulta difícil de comprender a los occidentales. La filosofía budista no traza una distinción entre lo fenoménico y no nouménico. El fenómeno es el nóumeno y el nóumeno es el fenómeno, no en el sentido de una ecuación matemática sino en el de que no se puede tener a uno sin el otro. La afirmación técnica de esta indivisibilidad consiste en que hay apariencia y también hay **shunyata**; pero shunyata no está en otro sitio sino en la apariencia. Es su dimensión abierta. La apariencia nunca implica realmente alguna restricción o limitación. Si existiera semejante límite nunca podríamos salir de ella.

Capítulo IV

EL PRINCIPIO DEL MANDALA Y EL PROCESO DE LA MEDITACIÓN

El tantra no puede ser comprendido al margen de la experiencia que surge de la práctica de la meditación. Como hemos señalado, el tantra puede compararse con el techo dorado de la casa. Antes de instalar el techo es preciso haber construido una casa y, aún antes, haber echado los cimientos. Hemos mencionado las cuatro prácticas básicas que, en sí mismas, no son suficientes. Debemos cumplir la tarea básica de relacionarnos con nosotros mismos. Para alcanzar una comprensión global del simbolismo del tantra es preciso desarrollar una actividad que comienza a un nivel muy elemental.

El mandala está compuesto por un centro y la zona limítrofe de un círculo. En el nivel básico opera el iniciado y alude a la relación de éste con el mundo fenoménico. El aprendizaje del principio del mandala es el del discípulo en su situación vital.

En cierto sentido, podría decirse que la práctica espiritual del budismo en las primeras etapas es sumamente intelectual. En efecto, es intelectual en la medida en que trata de una práctica precisa. También se la podría considerar intelectual en virtud de la naturaleza del diálogo que debe cumplirse entre el discípulo y el iniciado, el discípulo y la enseñanza. Es necesario atravesar cierto proceso de interrogación. No se trata de aprender textos de memoria o de aplicar simplemente diversas técnicas. Es necesario crear situaciones en las que el discípulo pueda relacionarse consigo mismo como Buda potencial, como cuerpo-dharma: que relacione su psique o modo de ser con el Dharma. Debe comenzar con un estudio exhaustivo de sí mismo y de su situación.

Tradicionalmente, existen doce tipos de estilos de enseñanza adecuados a un Buda. Los sutras pueden dividirse en doce categorías según el estilo que, de entre los doce, haya utilizado el Buda. Uno de éstos consiste en crear una situación gracias a la cual la enseñanza pueda trascender. Pongamos como ejemplo el **Prajnaparamitahridaya** o **Sutra del corazón.** En la versión original de este sutra, en sánscrito, Buda no pronuncia una sola palabra; pero fue Buda quien creó el diálogo entre Avalokiteshvara y Shariputra. Buda creo la situación en la que Shariputra podía actuar como receptor o auditorio y Avalokiteshvara como postulador del análisis.

Así, la creación inicial del principio del mandala consiste en facilitar la situación en la que el discípulo puede relacionarse con la enseñanza. Existe la interrogación voraz, la mente sedienta que analiza todas las posibilidades. Las preguntas nacen con el sufrimiento que le produce al discípulo el caos de su propia situación. La inseguridad y la insatisfacción provocan las preguntas.

Vistas desde una perspectiva tántrica, las primeras etapas de la creación del principio del mandala son las prácticas budistas básicas en el nivel Hinayana. El punto de partida es la práctica samatha, que consiste en el desarrollo de la paz o en morar en ella. Empero, esta práctica no implica morar o fijar la atención en una cosa específica. La fijación en la concentración suelen suscitar estados semejantes al trance, pero desde una perspectiva budista el objetivo de la meditación no consiste en provocar estados semejantes al trance sino en agudizar las percepciones, en ver las cosas tal como son. A este nivel la meditación está relacionada con los conflictos de nuestras situaciones vitales, como por ejemplo cuando utilizamos una piedra para afilar un cuchillo. La piedra es, en este caso, la situación. La meditación samatha —el punto de partida de la práctica— podría describirse como el afilar el cuchillo que está en uno. Este es un modo de interactuar con las relaciones corporales y los procesos mentales de todo tipo. Relacionarse con ellos, sencillamente, en lugar de morar o fijarse en ellos de algún modo.

La morada o la fijación provienen del intento de demostrar algo, de mantener el «mi» y el «mío» desde el territorio del ego. Uno necesita demostrar que la tesis yoica es verdadera. Se trata de un intento por ignorar el círculo samsárico, el remolino samsárico. Como este círculo vicioso contiene una verdad demasiado dolorosa para aceptarla, uno busca algo con que reemplazarla. Uno intenta reemplazar el vacío que produce la irritación o el dolor con el placer de una creencia fija en uno mismo morando en algo, con cierto esfuerzo espiritual. O, simplemente, lo llena con cosas terrenales. Parece que al igual que algo en donde morar, las ideas conceptualizadas de la religión, las enseñanzas espirituales o las situaciones internas de la vida son prolongaciones del ego. Uno no ve simplemente mesas y sillas tal como son: uno ve su manifestación de la mesa, su manifestación de la silla. Uno ve constantemente el «mí» o el «mío» en estas cosas, que son así permanentemente vistas con relación a mí y a mi seguridad.

La precisión del samatha se torna sumamente poderosa en relación con este mundo de mis proyecciones. Se trata de una especie de investigación científica que relaciona las experiencias de la vida como sustancias y las coloca bajo el microscopio de la práctica de la meditación. Uno no mora en ellas sino que las analiza, trabaja con ellas. Aquí la curiosidad de la propia mente actúa como prajna potencial, como conocimiento trascendental en potencia. La actividad de esta práctica no consiste en la búsqueda del nirvana, sino en ver el mecanismo del samsara, cómo funciona, cómo se relaciona con nosotros. Cuando se ha concienciado toda la imagen del samsara, cuando se ha comprendido totalmente su mecanismo, el nirvana se torna redundante. Cuando se llega a lo que se denomina estado iluminado, tanto el samsara como incluso el nirvana, se han liberado de sí mismos.

Con el objeto de ver los procesos mentales tal como son (las sensaciones y percepciones que tienen lugar durante la práctica samatha) es necesario desarrollar un cierto sentido lúcido y agudo. El estudio concreto de lo que somos, de cuál es nuestro modo de ser, está íntimamente relacionado con la práctica del tantra. La tradición tántrica afirma que el descubrimiento del cuerpo vajra —es decir la naturaleza innata de vajra (el ser indestructible)— dentro del sistema físico y el sistema psicológico de uno constituye la experiencia esencial. En la práctica samatha de la tradición Hinayana también encontramos este elemento de búsqueda de la naturaleza innata de uno tal como es, sencilla y, precisamente, sin preocuparse por la ausencia del «mí» y «mío».

A partir de este primer requisito de la práctica samatha el discípulo desarrolla luego lo que se conoce como práctica **vipassana.** Se trata de la práctica del conocimiento, de ver con claridad, de ver absoluta e inequívocamente: se trata del conocimiento trascendental. Uno empieza a comprender que dedicar todo el tiempo a los detalles de la vida, como ocurre en la práctica samatha, no es operativo. De algún modo se trata, todavía, de un enfoque adolescente. Es necesario comenzar a tener un sentido de la totalidad. Configurar un proceso de expansión que es paralelo a la práctica tántrica del mandala. Después de haber comenzado con lo que se denomina el mantra **bija** —la sílaba raíz del centro del mandala— se cumple el proceso de expansión que conlleva el descubrimiento de los cuatro cuartos del mandala. Trabajar con la sílaba raíz tiene la cualidad samatha de la precisión y se ven las cualidades definidas de las cosas tal como son. Después de haber establecido la sílaba raíz, uno coloca otros símbolos en torno a ella, en los cuatro cuartos: uno expande el mandala. De modo semejante, en la práctica vipassana, después de haber establecido la precisión de los detalles, uno comienza a experimentar el espacio que los rodea. En síntesis, al plasmar una vasija la importancia no reside tanto en hacerlo, sino en dar forma al espacio. En la práctica vipassana el proceso consiste en que uno intenta sentir el espacio que rodea a la vasija. Uno es un buen alfarero si tiene sentido del espacio que va a crear al hacer una vasija. Pero si uno se preocupa únicamente por moldear una forma con arcilla, sin tener sentido alguno del espacio, uno no es un buen alfarero ni, en este caso, un buen escultor. Este modo de comenzar a relacionarse con el espacio hace que la práctica vipassana sea un desprendimiento gradual, una liberación y una expansión.

A partir de este punto es posible echar una mirada a la experiencia **shunyata.** El obstáculo de la experiencia shunyata reside en la escisión entre el ser esencial y el concepto que uno tiene de él, entre el ser de uno y las proyecciones de uno. Con relación a esta división surge todo tipo de preguntas, de problemas y de obstáculos. La razón por la cual en este punto es posible encararse con el shunyata reside en que uno comienza a relajarse después de haber visto los detalles de las cosas tal como son, a través de la práctica samatha, y de haber experimentado el espacio que las rodea a través de vipassana. Uno comienza a experimentar la inutilidad de defenderse o de afirmarse a sí mismo. En este punto surge shunyata como la simple ausencia de aquellos muros y barricadas de defensa y afirmación. Uno comienza a desarrollar la experiencia clara y precisa de ver un árbol exactamente tal cual es, no la propia versión de un árbol ni un árbol llamado de tal o cual modo, sino un árbol tal como es. La experiencia del shunyata —que es la experiencia de la no existencia de la dualidad— significa la culminación de la experiencia como proceso y del desarrollo del intelecto. La investigación ya se ha cumplido, el proceso de la búsqueda de algo ya ha sido superado. Es la consecución de prajna.

En este momento el intelecto comienza a volcarse hacia **jnana** o la intuición. Hasta aquí el proceso de aprendizaje ha sido considerado como la recepción de enseñanzas, como un curso experimental con el objeto de averiguar quiénes somos, qué somos y dónde estamos. En tal sentido, tanto la práctica del nivel Hinayana como del Mahayana constituyen un paso hacia la comprensión del mandala dentro del cuerpo, del mandala dentro de la conciencia y del mandala dentro de la situación ambiental de la vida de uno. En niveles de experiencia: externo, interno y secreto. La experiencia externa se relaciona con la forma; la interna, con las sutilezas de la forma. Las sutilezas de la forma **son** el espacio en el sentido en que anteriormente hemos hecho referencia a la vasija y al espacio que la rodea. La experiencia secreta es aquella en qua la forma y el espacio son lo mismo, en que no hay diferencia entre forma y espacio.

A nivel de la experiencia secreta las sutilezas ya no son objeto de preocupación. Si uno sigue prestando atención a las sutilezas, entonces esto mismo se convierte en un pretexto: uno sigue refiriéndose a la situación como aprendizaje y no como proceso real de la experiencia. Pero no es posible alcanzar el nivel de experiencia directa sin atravesar el proceso de aprendizaje de comprensión científica. En el budismo, la práctica de la meditación comienza con la investigación científica en la que uno aprende a ser amigo de uno mismo y también a saber lo que uno es. Aun habiendo llegado a comprenderlo todo, total y profundamente, es imposible expandirse hacia la más elevada comprensión que configura el nivel de la experiencia directa sin contar con algún apoyo.

Capítulo V

LA INDIVISIBILIDAD DE LA APERTURA Y LA COMPASIÓN

Quisiera analizar las implicaciones del siguiente verso sánscrito:

'sūnyatākaruṇābhinnam bodhicittam iti smṛtam

«La indivisibilidad de **shunyata** y **karuna** se denomina **bodhicitta.**»

He aquí dos términos de significado clave en el tantra: shunyata y karuna. Los vocablos no son exclusivamente tántricos sino que aparecen bastante temprano en el desarrollo de la tradición budista. Originalmente, shunyata fue una elaboración del concepto de **anatman.** Anatman expresa la ausencia de un principio permanente en las cosas. Posteriormente shunyata se convirtió en uno de los conceptos centrales del Mahayana. Para el iniciado al tantra sigue siendo una especie de referencia objetiva que le indica la necesidad de mantenerse consciente, despierto, con objeto de proseguir su práctica hacia niveles más elevados de sutileza.

Generalmente, shunyata se traduce como «vacuidad» o «vacío». Estas traducciones son absolutamente erróneas si tenemos en cuenta que shunyata es un vocablo sumamente positivo. Por desgracia, los primeros traductores no eran muy sutiles y se dejaron confundir por el sentido que tiene shunya en el lenguaje cotidiano corriente. Según este lenguaje popular, si un vaso no contiene agua podría llamársele shunya. Pero no es este el sentido de shunyata en la filosofía budista.

Es posible explicar shunyata de un modo muy sencillo. Cuando percibimos, por lo general, solemos prestar atención a las formas delimitadas de los objetos. Pero dichos objetos son percibidos dentro de un campo. Por ello es posible dirigir la atención, bien a las formas concretas y limitadas de los objetos, o bien al campo en el que estos están situados. En la experiencia shunyata la atención se vuelca sobre el campo más que sobre sus contenidos. En este caso, por «contenidos» nos referimos a aquellas formas que constituyen los rasgos sobresalientes del campo en sí. También podemos observar que cuando tenemos una idea en nuestra mente el territorio, en tanto que delimitado por la idea, resulta poco claro; se diluye en algo que está muy abierto. Esta dimensión abierta es el significado básico del shunyata.

Esta apertura está presente y se anticipa ya en todas las formas definidas. Toda entidad definida evoluciona hacia algo indefinido y, hasta cierto punto, también mantiene su conexión con esta indefinición; nunca está totalmente aislada de ella. Pueto que la entidad definida no está aislada de la indefinición y dado que, empero, no hay nexo de unión entre las dos, nuestra atención puede pasar de la una a la otra.

La percepción de shunyata como apertura se relaciona con el desarrollo de lo que se conoce como

prajna. En virtud de que están en boga algunas traducciones sumamente fantásticas del término prajna, merece la pena analizar su significado. En sánscrito existen diversas palabras que hacen referencia al proceso cognoscitivo. Prajna y jnana son las dos más usuales. Si observamos las palabras, notamos inmediatamente que ambas contienen la raíz **jña**, que significa la capacidad cognoscitiva. Jnana es la formación primaria de esta raíz en sánscrito; en prajna, la misma raíz **jña** está acompañada por el prefijo **pra.**

Si estudiamos las traducciones tibetanas de estos vocablos descubrimos que se ha conservado la misma conexión de la raíz. En tibetano prajna es **shes-rab** y jnana se escribe **ye-shes.** En ambos casos está presente **shes**, la capacidad cognoscitiva. **Ye** significa «primordial» u «original». Así, ye-shes se refiere a la conciencia primordial. El prefijo sánscrito **pra** y la partícula tibetana **rab** poseen el sentido de «acrecentamiento» o «intensificación». En consecuencia, shes-rab o prajna aluden a una intensificación o acrecentamiento de los procesos cognoscitivos. La capacidad cognoscitiva de la que dispone todo ser humano ha de ser desarrollada, intensificada y llevada hasta el límite. Lograr que esta capacidad alcance su punto máximo significa soltarla, liberarla de todo el material extraño que ha acumulado.

¿Qué significa liberar algo? En el mundo occidental, la libertad ha sido empleada generalmente en un sentido negativo: hablamos de libertad de esto, libertad de aquello. La conclusión lógica a la que nos lleva semejante acepción, conclusión que nadie desea extraer, afirma que, en definitiva, también debemos liberar a la libertad de la libertad. De poco sirve recurrir al concepto de «libertad-para», libertad para hacer esto, libertad para hacer lo otro. La libertad-para implica subordinación a alguna trampa trascendental y eso hace que la libertad desaparezca tan pronto como la proposición negativa. Vemos que la libertad no puede ser considerada, en consecuencia, como algo separado y que concierne a algo distinto. Ha de ser en sí misma un hecho existencial. En este sentido, la libertad no es algo que deba lograrse sino que es inherente a la totalidad.

La libertad es inherente a todos los procesos cognoscitivos. En este sentido contribuye a mostrar que lo opuesto a la libertad no es la determinación sino la compulsión. Uno es muy libre de decidir su camino en la vida, libre de decidir si contempla las cosas de un modo categórico o estético. Es decir, podemos contemplar las cosas en relación con un conjunto de metas a ser alcanzadas o simplemente podemos apreciarlas por sí mismas, reconocer su valor intrínseco. Debemos comprender que la libertad es un fenómeno primario y no el resultado de liberarse de algo o de someterse a alguna nebulosa trascendental como parece entenderlo de manera general la filosofía occidental.

Prajna o shes-rab en tanto que aumento de la capacidad cognoscitiva también implica un debilitamiento del sistema de consideraciones relativas que, normalmente, la determinan. El debilitamiento de este sistema facilita la emergencia de la capacidad cognoscitiva en su libertad original.

Prajna actúa a diversos niveles. Es meramente operativo cuando escuchamos a alguien a un nivel rudimentario, cuando meramente oímos algo de lo que dice la persona a la que estamos escuchando. Por el simple hecho de oír lo que alguien dice ha de existir cierta comprensión. Sin embargo, el prajna puede operar a un nivel más significativo. Por ejemplo, podemos ir más allá de la mera recepción de lo que alguien dice y llegar al punto en que lo retenemos y meditamos sobre ello. Esto podría conducirnos a analizar seriamente lo que hemos oído y a intentar aplicar nuestras conclusiones de modo tal que las incorporásemos a nuestras vidas.

El prajna puede actuar, por último, a un nivel aún

más alto. En lugar de prestar atención a lo que percibimos, oímos y pensamos en términos de categorías relacionadas con los estrechos límites de nuestra propia preservación o de nuestros fines personales, podemos llegar a apreciar las cosas como valores en sí mismas. Cuando alcanzamos este punto se produce una especie de liberación pues ya no es necesario manipular nuestras percepciones: podemos dejar que las cosas sean como son. Se puede hablar entonces de la libertad como logro o realización, aunque no debemos olvidar que dicha libertad ha existido todo el tiempo. No obstante, la hemos perdido de vista en la medida en que subyacía a una serie de construcciones innecesarias, la hemos confundido viendo constantemente las cosas como medios en relación con nuestra orientación personal. Al haber alcanzado esta apreciación y apertura básica, tenemos la posibilidad de permanecer en ella y ver las cosas como valiosas per se o podemos reincidir y verlas como medios de medios mayores **ad infinitum.**

En este punto crucial aparece shunyata. Shunyata es el equivalente objetivo de este estado de conciencia acrecentado o abierto. En este estado, no vemos cosas distintas sino que las vemos de diferente manera. Cuando conozco a alguien puedo adoptar inmediatamente mis medidas mentales y preguntarme qué puedo ganar o perder conociendo a esta persona y ocuparme luego de la estrategia adecuada. O puedo simplemente aceptar la impresión que me causa esta persona y relacionarme con ella sin prejuicios. Lo más probable es que si hago lo segundo tenga lugar un encuentro altamente satisfactorio. En este caso habré experimentado esta dimensión abierta de mi impresión. Pues bien, esto es muy sencillo, no tiene nada de especial y todos pueden hacerlo. Pero, como ya he señalado, las cosas más sencillas suelen ser las más difíciles. Probablemente una de las cosas más difíciles es que una persona se las arregle sin sus fijaciones y prejuicios.

Parecen ofrecer mucha seguridad; pero una persona que depende de sus fijaciones siempre sufre un sentimiento de carencia o pérdida.

Cuando hablamos de shunyata nos referimos a la dimensión abierta del ser. Podemos tener conciencia de esta dimensión abierta pero, con el objeto de percibirla ,nuestra facultad de percepción ha de estar dispuesta, sin prejuicios de ningún tipo. Si nuestro modo de percepción está teñido de algún tipo de predisposición o reserva, ya no estamos abiertos a la experiencia. Hemos estrechado nuestra visión y, a la larga, esto resultará sumamente insatisfactorio.

Debemos tener sumo cuidado en no considerar a la apertura como una entidad. Si lo hacemos, la habremos convertido en un concepto, lo cual la fija automáticamente y la convierte en algo definido. Y es exactamente esto lo que hemos tenido que quebrar con el propósito de percibirla. Aquí es donde la historia del budismo ha cometido los máximos errores. Alguien intentó afirmar que prajna es shunyata. Pero prajna no es shunyata. Shunyata es el polo objetivo de prajna, la cualidad abierta de las cosas con las que se relaciona el proceso cognoscitivo cuando alcanza el nivel del verdadero prajna.

No podemos afirmar nada sobre prajna salvo que cuando es verdaderamente prajna ha de estar tan abierto como lo que percibe. En este sentido, podríamos decir que los polos subjetivo y objetivo (prajna y shunyata) coinciden. Entendiendo esto, en vez de decir que prajna es shunyata podemos decir mejor que la experiencia ha superado el dualismo entre sujeto y objeto. Pero no debemos dejarnos arrastrar por estas disquisiciones, ya que sólo pretenden hacernos ver con claridad esta sencilla experiencia con la que cualquiera de nosotros puede relacionarse directamente si así lo desea. Somos libres de hacerlo. Está en nuestras manos.

Ya hemos visto que shunyata es siempre una referencia a la percepción. Toda acción se basa en la percepción dado que, naturalmente, siempre actuamos a la luz de nuestra conciencia. Esto es verdad a todos los niveles. Cuanta menos conciencia tengo de otra persona, menos capaz soy de actuar adecuadamente en mi relación con ella. Tenemos el ejemplo de determinados tipos de personas con «buenas intenciones» que no se toman el trabajo de tomar conciencia de lo que realmente necesitan las personas con las que están siendo «buenas». Están tan inmersos en sus preconceptos y prejuicios que creen que lo que a ellos les agrada ha de ser bueno para todos. A una persona de este tipo podría gustarle la leche y se esforzaría por lograr que todos bebieran leche. ¿Pero qué decir de las personas alérgicas a la leche? Semejante pensamiento nunca se traslucíría en las buenas intenciones de dicha persona. Quizá el ejemplo parezca ridículo pero en la vida nos vemos constantemente involucrados en este tipo de acción absurda. Actuamos sobre la base de nuestra comprensión, de nuestra conciencia, y si no está abierta y viva, entonces nuestras acciones son necesariamente torpes e inadecuadas.

Esto nos remite al tema de **karuna**. Parece que la conciencia no está simplemente ahí por diversión sino que implica acción. La acción realizada a la luz de la conciencia de shunyata, es decir, la acción de prajna es karuna.

Karuna se traduce, generalmente, por «compasión» y en muchos casos esta versión puede ser correcta. Pero la palabra deriva de la raíz sánscrita **kr**, que denota acción. Al igual que sucede con prajna, podemos hablar de karuna a muchos niveles. En el estadio más elevado, el de Buda, hablamos de **mahakaruna**: «el karuna supremo». La conciencia de Buda radicaba en su mente despierta. No podía actuar si no era a la luz de la plena conciencia. Esta conciencia total es el ejemplo fundamental de la indivisibilidad de shunyata y karuna.

Según el budismo existen tres sistemas emocionales fundamentales: pasión-lujuria; aversión-odio y ofuscación-aturdimiento. Estos complejos son designados según sus manifestaciones corrientes o samsáricas, aunque cuentan con la posibilidad latente de transformación. Se relacionan entre sí de modo peculiar. La confusión con respecto a la naturaleza de la realidad puede darse sin implicar los extremos de la pasión o la aversión. Sin embargo, la pasión o la aversión no pueden entrar en juego sin la presencia del aturdimiento básico. La pasión y la aversión son energías emocionales que han sido distorsionadas por la ausencia de precisión característica del aturdimiento básico.

Ahora bien, con el propósito de comprender la naturaleza de la compasión debemos preguntarnos a cuál de estos tres complejos emocionales básicos pertenece. La respuesta general sería a la pasión, dado que generalmente se piensa que la pasión está relacionada con el amor y que éste no es tan distinto de la compasión. Pero los textos budistas afirman lo contrario: la compasión es parte del odio. Es posible ver esta relación en el proceso que a veces tiene lugar cuando, a través de la enemistad, una persona derriba a otra y la inutiliza; luego, aquella que tiene poder puede ayudar a la desvalida y sentir que es una buena persona. Esta es la versión corriente de la compasión y la filantropía.

No obstante, la compasión sin agresión puede darse para la creación de la intimidad original. A este nivel —el nivel de apertura o shunyata—, la compasión es mucho más que la emoción visceral o el impulso sentimental que experimentamos corrientemente. A este nivel podemos hablar de mahakaruna que se basa en la conciencia no distorsionada del estado mental alerta. Existe una expresión en sánscrito que dice lo siguiente:

'sūnyatākarunābhinnam yatra cittam prabhāvyate
sā hi buddhasya dharmasya sanghasyāpi hi desanā'

«Donde se desarrolla una actitud en la que shunyata y karuna son indivisibles se encuentra el mensaje del Buda, del Dharma y del Sangha.»

Allí donde la mente es tal que es capaz de percibir la apertura del ser, su acción está en consonancia con esta apertura debido a que tiene en cuenta lo que es verdadero. Por otro lado, si la conciencia está manchada, la mente se manifestará en todas las formas emocionales que no son sino distorsiones de lo verdadero.

Generalmente se traza una distinción entre jnana y **klesha**, conciencia primordial y mente emocional distorsionada. Ahora vemos que no son cosas distintas: una es distorsión de la otra. Puesto que klesha es una distorsión de jnana puede ser, por así decirlo, rectificada y remitida a su fuente. Esto es resultado del desarrollo de prajna que, cuando se acrecienta, puede surcar la capacidad de distorsión. La literatura **Prajnaparamita** puso el acento en esta cuestión. A través de prajna, una persona es guiada fuera de los estrechos confines de sus ficciones, guiada no a algún reino del más allá, sino devuelta al mundo real que está aquí mismo. Una vez más la conciencia de la mente despierta no nos descubre un nuevo reino de objetos; no vemos cosas diferentes sino que vemos las cosas de diferente manera.

Cuando a través de prajna se alcanza el punto en que shunyata y karuna son indivisibles, surge **bodhicitta** (bodhi-mente). Bodhicitta emerge cuando todo cuanto había constituido un límite desaparece y todas las cualidades positivas de la mente se realizan. Este aspecto activo del bodhicitta es aquello a lo que karuna alude. En este contexto, karuna es compasión en el verdadero sentido de la palabra: **con-passio**, «sentir con»; lo que significa sentir con lo que es real. Asiste al reconocimiento de lo que es verdadero y valioso en sí, no en virtud de algún valor asignado o proyectado cuyo carácter es básicamente subjetivo.

Normalmente tendemos a enfocar nuestra experiencia sólo como posible confirmación de los conceptos que ya tenemos. Si somos capaces de abrirnos a la realidad, maduramos. Si intentamos relacionar todo con nuestros conceptos preestablecidos nos estrechamos a nosotros mismos, limitamos nuestro ser, nos volvemos inertes. Si no logramos captar la intensidad de la vida e intentamos encasillarla, nosotros mismos quedamos encasillados, atrapados. Debemos intentar relacionarnos con esta capacidad innata de apertura que esta ahí, esta libertad que existe por sí misma. Si alcanzamos a concienciarla, actuaremos de acuerdo con ella. Si vemos las cosas como valiosas en sí mismas, actuaremos productivamente para que este valor sea realizado y aumentado en lugar de destruido y reducido.

Si procedemos constantemente con unos juicios a priori y defendemos nuestras ideas preconcebidas, automáticamente todo queda reducido a lo que se conoce como **vikalpa** —concepto—, que denota algo que está apartado de la totalidad. En cuyo caso nos veremos condenados al mundo fragmentario en el que generalmente estamos inmersos.

El fundamento del enfoque creativo es la apertura: shunyata. Es algo que supera a la «nada» que suele ser su traducción más frecuente. Según la tradición budista esta apertura constituye la base a partir de la cual podemos enriquecer nuestras vidas. Es el fundamento de diversas prácticas tántricas.

Capítulo VI

LA REALIZACIÓN DE SHUNYATA

Hemos discutido las prácticas de meditación de samatha y vipassana. La unión de la experiencia samatha con vipassana conduce a una práctica de meditación superior, conocida como **mahavipassana.** La práctica mahavipassana corresponde al nacimiento de la experiencia shunyata. La experiencia intensiva de la forma de samatha y la experiencia intensiva de la totalidad, del entorno total, de vipassana, se combinan para dar luz a la experiencia de shunyata. Esta experiencia abre una nueva dimensión: uno descubre que ya no necesita defenderse a sí mismo. La experiencia, de shunyata produce un sentimiento de independencia, un sentimiento de libertad.

No sólo es cuestión de la práctica de la meditación en posición de sentado; las situaciones vitales cotidianas forman gran parte de estas experiencias. Las seis cualidades trascendentales de un bodhisattva —generosidad, disciplina, paciencia, esfuerzo, meditación y prajna o conocimiento trascendental— contribuyen al desarrollo de la experiencia shunyata.

La experiencia de shunyata deriva del proceso de desprendimiento. Este proceso consiste en la puesta en práctica de las cinco cualidades trascendentales de un bodhisattva combinadas con la precisión y la claridad de prajna. Las cinco cualidades actúan como auxiliares de prajna. Se dice que cuando un monarca universal va a la guerra lo hace acompañado de su ejército compuesto por cinco tipos distintos de armas: caballería, elefantería, carruajes y así sucesivamente. Así, el nacimiento de shunyata resulta de la puesta en práctica de la acción eficiente de estas cinco cualidades bajo el estímulo de prajna, que brinda la fuerza básica.

Al estar relacionada con estas características activas, es evidente que shunyata no es un estado de trance ni una preocupación. Se trata de un estado sin temor. A causa de esta ausencia de temor uno puede permitirse ser generoso. Uno puede permitirse reconocer un espacio libre de todo conflicto, de esto o aquello, de cómo y por qué. En este punto no se plantean preguntas de ningún tipo. Y, paradójicamente, en este estado se experimenta un fuerte sentimiento de libertad. Supongo que podríamos definirlo como la experiencia de haber ido más allá. Claro que esto no significa que uno haya ido más allá en el sentido de haber abandonado el «aquí» y haber llegado más allá hasta el «allí». Más bien se trata de que uno ya está aquí y allí.

Podemos decir que con la experiencia shunyata comienza a desarrollarse un fuerte sentimiento de convicción. Shunyata ofrece la inspiración para el desarrollo del ideal, por así decirlo, de la conducta semejante a la del bodhisattva.

Pero existe un nivel superior de experiencia que está más allá del de bodhisattva, que es el de un yogui. Se ha dicho que la gente común no debe intentar actuar como bodhisattva, los bodhisattvas como yoguis, los yoguis como siddhas y éstos como Budas.

Estos son los distintos estadios de la experiencia. La experiencia shunyata corresponde al nivel de un bodhisattva. Pero ésta es, en cierto modo, incompleta desde el punto de vista de la etapa siguiente, que es la experiencia de **phabhasvara**: luminosidad. Prabhasvara es la experiencia positiva esencial. Shunyata viene a ser el cielo. Si ese espacio celeste está ahí se torna posible que las funciones cósmicas tengan lugar en su interior. Se hace posible que ahí coexistan amanecer y crepúsculo. Lo mismo ocurre dentro del espacio de shunyata, de apertura y libertad, en el que los discípulos comienzan a abordar las experiencias reales de no-dualidad en lugar de festejar el logro de la no-dualidad. Esta es la experiencia prabhasvara que es un modo de reconocer la naturaleza búdica que existe dentro de uno. Uno se siente tan positivo y tan convencido que ya no teme que las ideas dualistas y las sujeciones del ego puedan resurgir.

Prabhasvara es otro tipo de espacio dentro del cual se nos presentan todo tipo de perspectivas del desarrollo positivo espiritual. Por último, al comprender realmente que uno está impregnado de Buda, ya no necesita buscar situaciones externas a través de las cuales crear o fomentar la atmósfera de la experiencia iluminada. Uno reconoce que estar iluminado es parte del entorno, parte de todo el ser de uno.

A partir de la experiencia prabhasvara tiene lugar, gradualmente, una evolución que conduce a la experiencia **mahamudra:** un espacio aún más amplio. El espacio de mahamudra es mucho más positivo que el de prabhasvara. Con frecuencia, las explicaciones de mahamudra se han entendido en término de simbolismo porque mudra significa símbolo. Pero a este nivel los símbolos no existen como tales; la sensación de experiencia deja de existir. Lo que uno percibe es la verdadera realidad. Por eso se llama **maha**mudra: el gran símbolo innato, la sabiduría innata.

En tibetano, se hace referencia a esta sabiduría

innata mediante los términos **ku** (sku) y **ye-she** (ye-shes). En este contexto, ku significa «cuerpo»: ese aspecto de la experiencia del universo que es definido y sólido y está compuesto por formas. En la experiencia mahamudra, las formas se convierten en sólidas y definidas, los colores en brillantes y definidos, los sonidos en sonidos definidos. En cierto sentido, los procesos mentales también se vuelven reales, dado que a esta altura ya no hay motivo para condenar los pensamientos o para tratar de plasmarlos en un patrón distinto. Se trata de un pensar espontáneo. En este caso el desarrollo espiritual no consiste en destruir nada sino en redescubrir lo que hay ahí a través de un proceso de desaprender los prejuicios: un desaprendizaje y un desenmascaramiento constante. Como consecuencia de este desaprendizaje constante uno comienza a descubrir nuevos detalles, mayores bellezas en todas las zonas del ser de uno.

De este modo ku, o cuerpo, es la experiencia directa de la situación vital del espectro del mandala, todo el alcance de las situaciones vitales vistas en términos del mandala. Y ye-she, o sabiduría, posee la misma cualidad que ku: es experiencia directa real. Ya no tiene nada que ver con el proceso de aprendizaje espiritual. Es la comprensión que existe por sí misma, completa y real.

La práctica de mahamudra consiste en apreciar las experiencias tanto positivas como negativas como simbolismo sutil, expresiones sutiles del ser básico o, por así decirlo, en ver la situación básica sutil. El tantrismo de mahamudra es altamente positivo y espontáneo. En relación directa con el juego de las situaciones, la energía se desarrolla a través de un movimiénto de espontaneidad que nunca se torna frívolo. Como las experiencias mahamudra funcionan de forma natural, nos llevan a destruir todo aquello que es necesario destruir y a fomentar aquello que es necesario fomentar. El proceso de maduración de mahamudra es el de un crecimiento sumamente natural. Uno ya no tiene que tratar de luchar a lo largo de la senda. La idea de lucha a lo largo de la senda ha desaparecido en el nivel de shunyata.

Pregunta: ¿Usted dice que después de haber experimentado shunyata uno ya no se siente impulsado a luchar a lo largo de la senda?
Respuesta: Sí, exactamente. Usted ya no tiene que descubrirse, ya lo ha hecho. A partir de este punto su naturaleza innata comienza a estimularlo y a partir de ese momento el desarrollo espiritual ya no se detendrá. Es como si hubiera alcanzado la experiencia de la luna nueva; más allá sólo hay un proceso creciente. En este sentido, la luna nueva comienza a estimularlo en el punto de la experiencia shunyata.

Pregunta: ¿Podría explicitar algo más la diferencia entre un yogui y un bodhisattva?
Respuesta: Un yogui es aquél que ha experimentado la energía del cosmos, la energía de la totalidad de algo. Transmuta energías en lugar de intentar reformarlas o plasmarlas en formas determinadas. Yo no diría que la espiritualidad del bodhisattva consista en plasmar energías en formas determinadas, aunque en la práctica bodhisattva hay una nota constante de delicadeza que sugiere un modelado sutil. La práctica yogui es más directa y tosca. Tradicionalmente, el principio de la práctica yogui es la comprensión del simbolismo, aunque no como tal. En realidad, «símbolo» es una palabra bastante imprecisa. La práctica implica la relación con las imágenes que surgen en las situaciones vitales como indicadores decisivos del estado psicológico de uno. La experiencia bodhisattva tiene mucho menos de esta sutil percepción instantánea. Se refiere mucho más a un estilo de vida general, una cuestión de conducta general más que a una relación continua con las cosas vivas.

Pregunta: Parece que, de algún modo, esta distinción entre bodhisattva y yogui es artificial, como si se tratara de un dogma religioso.

Respuesta: Es un proceso pregresivo. Uno comienza como bodhisattva y luego se convierte en yogui. El dogma de la religión desaparece al principio, cuando se convierte en bodhisattva. Como yogui, intensifica la cualidad no dogmática pero también comienza a gozar mucho más de la implicación espiritual de las cosas.

Pregunta: ¿Podría explicar qué quiso decir con la frase «espectro del mandala»?

Respuesta: En realidad, es bastante sencillo. En esa etapa uno ha desarrollado una percepción muy aguda —sentido del olfato, del tacto, de la visión, del oído—; todos los sentidos han alcanzado un nivel muy agudo, muy preciso. Aquí nos referimos a las verdaderas percepciones, carentes de conceptos. Nada se interpone. Al haber desarrollado esta capacidad, al haber entrado en esta nueva dimensión en la que puede abordar directamente las situaciones, uno ve el mundo tal como es; y este mundo-tal-como-es se torna cada vez más complejo. En todas partes emergen muchísimas ramas. A la vez, dentro de este complejo entorno del mundo también se presenta la simplicidad: por así decirlo, todos estos elementos de la complejidad emergen de una raíz. La apreciación de esto es la percepción del espectro del mandala. Uno podría decir que esta apreciación es curiosidad en el sentido fundamental: curiosidad verdadera y real; curiosidad absoluta. Cuando uno se muestra absolutamente curioso con respecto a las cosas se pierde a sí mismo. Se torna totalmente parte del objeto. Parcialmente, esto es lo que significa «dejar que las cosas pasen».

Capítulo VII

LA RELACIÓN DISCÍPULO-GURÚ

Naropa es una de las figuras más importantes de la historia del budismo hindú y tibetano. A diferencia de algunas otras cuyos nombres aparecen en los linajes de la trasmisión espiritual budista, Naropa fue evidentemente una figura histórica. Forma parte del linaje Kagyü del budismo tibetano y es, junto con su maestro Tilopa y su discípulo Marpa, el fundador espiritual de dicha orden. También es reconocido y venerado por todas las escuelas tibetanas como el discípulo ejemplar.

Para la transmisión espiritual budista, la relación entre gurú y discípulo es sumamente importante. La relación no es, meramente, una cuestión de interés histórico sino que se perpetúa como factor fundamental hasta nuestros días. Esta relación se basa en la confianza. Pero antes de que dicha confianza pueda desarrollarse existe un período durante el cual el gurú pone a prueba a su discípulo. Este proceso de prueba se hace patente en las pruebas y dificultades a las que

Naropa fue sometido por su maestro Tilopa. Pasó mucho tiempo hasta que Tilopa estuvo dispuesto a impartir sus conocimientos al discípulo.

En cierto modo, la prueba a la que el gurú somete a un discípulo es muy sencilla. Un discípulo se acerca a un maestro y solicita su enseñanza. El maestro podría responder: «Bien, no sé mucho. Será mejor que busques a otra persona.» Esta es una manera excelente de comenzar las pruebas. El discípulo podría marcharse, lo que sería una señal de que en realidad no es muy serio.

A causa de la intimidad de la relación entre maestro y discípulo, cualquier cosa que suceda entre ambos es vital tanto para uno como para otro. El maestro debe saber que no debe aceptar a un discípulo que no está preparado para recibir las enseñanzas que le puede ofrecer. Por este motivo pone a prueba la disposición, la buena gana y la capacidad del discípulo antes de instruirlo. Esto significa que el discípulo ha de convertirse, para emplear la imagen tradicional, en un vehículo merecedor. Y debido a la intimidad de la futura relación el discípulo también debe probar, a su manera, al maestro. Debe escrutarlo para descubrir si es realmente capaz de transmitir la enseñanza, si sus acciones concuerdan con sus palabras. Si ambas partes no satisfacen las condiciones, no merece la pena iniciar la relación.

Como vemos en los textos, la tradición de la relación discípulo-gurú en la India data de muy antiguo. Los tibetanos tomaron esta práctica de los hindúes y, hasta ahora, la desempeñan a la manera tradicional. Esta relación íntima no sólo se ocupa de transmitir las enseñanzas orales sino de preservar la continuidad del ejemplo personal.

Naropa era un vehículo merecedor. Estaba dispuesto a someterse a todo tipo de trabajos con el objeto de recibir la enseñanza. Sus penurias comenzaron con la búsqueda de un maestro. Naropa consagró varios años a esta búsqueda. Y esta era, en realidad, parte de la enseñanza que su maestro le impartió. Antes de que Naropa viera a Tilopa en su forma verdadera, se le sucedieron una serie de apariencias extrañas. Lo vio como una leprosa, un carnicero y bajo muchas otras formas. Todas eran reflejo de las tendencias que operaban en el interior de Naropa y que le impedían ver a Tilopa en su verdadera naturaleza, ver la verdadera naturaleza del gurú.

La palabra gurú es de origen hindú y hoy prácticamente se ha integrado en el idioma inglés. Empleada correctamente, no se refiere tanto a un ser humano como al objeto de un cambio de atención que atañe tanto al ser humano que imparte la enseñanza, como a la enseñanza en sí misma. Sería más correcto denominar al ser humano **kalyanamitra** o «amigo espiritual». «Gurú» posee un sentido más universal. El kalyanamitra es aquél capaz de impartir la enseñanza espiritual debido a que él mismo ha cumplido el proceso. Comprende el problema del discípulo y el motivo que le ha hecho acercarse a él. Sabe qué orientación necesita y cómo ofrecérsela.

En primer lugar, la iniciación espiritual sólo puede proceder de una persona que comparta con nosotros la situación de existir físicamente en este mundo. Por ello el maestro aparece primero en forma de kalyanamitra. Luego, gradualmente, a medida que su enseñanza arraiga en nosotros y se desarrolla, su naturaleza cambia y el cambio se refleja en el mismo maestro. De este modo tiene lugar una identificación del gurú con el kalyanamitra. Pero es importante que el gurú sea reconocido y aceptado como tal y que no se le confunda con el kalyanamitra a la manera de un culto a la personalidad. No se trata de una ecuación simple entre el gurú y el kalyanamitra. Pero este último ha de ser reconocido como el que es capaz de impartir el conocimiento que el discípulo desea y que, en realidad, necesita como factor vital de su crecimiento.

Una vez más podemos hacer referencia al ejemplo de Naropa. Al principio, Naropa no comprendió el proceso en el que estaba involucrado. El crecimiento interior que ya iba madurando y arraigaba en él, todavía se veía bloqueado por los muchos prejuicios que tenía. Siguió viendo las manifestaciones de su gurú bajo la luz de conceptos corrientes en lugar de comprender que eran símbolos que ofrecían la posibilidad de abrirse paso entre los prejuicios. Estas manifestaciones le ofrecieron la oportunidad de ser él mismo en lugar de concebirse a sí mismo como una persona altamente capaz.

Debemos recordar que Naropa provenía de una familia noble. Gozaba de un gran prestigio social y, además, se había convertido en un famoso pandit. Y así, en el proceso de tratar de relacionarse con su gurú, puso en juego su orgullo. Creía que, como persona reconocida por su inteligencia, ya debía conocer todas las respuestas. Pero no era así. Sólo después del período de prueba comenzaron a surgir algunas respuestas verdaderas. Este proceso de prueba promovió realmente la supresión de sus prejuicios. Actuó realmente la enseñanza en sí en su acepción más concreta. Ni siquiera el mayor número de palabras habría alcanzado el resultado que se produjo a través de su exposición al tratamiento burdo, el tratamiento de shock, a que lo sometió Tilopa. En el mismo momento en que pensaba que al fin había comprendido, que al fin habían finalizado las pruebas infinitas... en ese mismo momento comprendía que no había logrado ver.

En todo el proceso de aprendizaje al que nos referimos aquí —y uno bien puede decir que el camino budista es un modo de aprendizaje—, se produce una oscilación constante entre éxito y fracaso. A veces las cosas van bien. Esto es bueno pero también puede convertirse en un gran peligro. Podemos tornarnos demasiado seguros de nosotros mismos, confiar demasiado en que todo saldrá a nuestro gusto. La complacencia aumenta. De este modo, los fracasos que surgen a veces son muy importantes pues nos hacen ver que estábamos equivocados y nos dan la posibilidad de comenzar de nuevo. A partir de esta experiencia de fracaso reconsideramos las cosas de otro modo.

Esta oscilación entre éxito y fracaso introduce el sentido de un camino, de una senda; en este punto es preciso señalar la importancia del camino en la tradición budista. El budismo nunca afirmó ser más que un camino. El mismo Buda era nada más que el maestro que mostró a otras personas el camino que él mismo tuvo que recorrer, fueran cuales fuesen las vicisitudes del éxito y el fracaso. Es cierto que si una persona falla siempre puede comenzar de nuevo. Si es inteligente, aprenderá de los errores que ha cometido. Entonces los errores se convertirán en caminos que lo ayuden, como sucedió en el caso de Naropa. Con mucha frecuencia Tilopa le pedía que hiciera cosas que estaban fuera de lugar desde la perspectiva corriente de Naropa, que iban contra la índole de su marco convencional de referencias. Pero este giro respondía al conocimiento de que la conformidad con el modo establecido de contemplar las cosas no lograría nada. El punto de partida consistía en obtener una nueva visión.

Si arribamos a una nueva visión, a un nuevo modo de contemplar las cosas, es muy probable que su modo de aplicación sea distinto a lo que comunmente se acepta. Esto es lo que siempre ha ocurrido con los grandes líderes espirituales de la humanidad en cualquier época y lugar. Estas personas han ensanchado y ampliado nuestro horizonte. A través de su acción hemos experimentado la satisfacción de desbordar la estrechez del mundo ordinario en el que sucede que hemos nacido.

Cuando Naropa demostró que era una persona que merecía recibir instrucción todos los patrones que hemos dsecrito cambiaron. A partir de ese momento Tilopa se mostró como la persona más amable que pueda imaginarse. No retuvo nada que Naropa demandara de él. Hay una expresión en sánscrito, **acarya musti,** que significa «puño cerrado». Esta expresión se ha aplicado frecuentemente a los gurús que retienen la enseñanza. Si en determinado momento el maestro retiene la instrucción, esto constituye una señal de que no está seguro de sí mismo. Pero, por supuesto, no fue esto lo que ocurrió con Tilopa. Ofreció a su discípulo todo lo que tenía.

Este es el modo en que evoluciona la relación discípulo-maestro. En determinado momento el maestro transmite la totalidad de su sabiduría a un discípulo. Pero éste debe ser merecedor y llevado a un estado de receptividad completa tal como lo ilustra el mensaje de la vida de Naropa. Y así, a su vez, Naropa condujo a su discípulo Marpa a través del mismo proceso preparatorio y Marpa conduja a su discípulo Milarepa. La biografía de Milarepa dice que Marpa le hizo construir una casa de piedra. Apenas había concluido la casa cuando Marpa le dijo que la echara abajo y la comenzara de nuevo. Esto sucedió una y otra vez. No es necesario que nos preguntemos si se trata de un hecho histórico. El mensaje simbólico es obvio. Marpa le pidió que hiciera algo y Milarepa reaccionó con orgullo, sintiendo que podía hacerlo. Milarepa lo hizo a su manera sin esperar la instrucción. Naturalmente, los resultados no fueron satisfactorios y no cabía otra alternativa más que echar la casa abajo y comenzar nuevamente desde el principio.

En este punto vemos otro aspecto de la relación discípulo-gurú. El discípulo ha de comenzar por el principio. Y esto le causa inevitablemente una humillación, debido a que casi siempre siente que va ha comprendido algo. Por lo general transcurre un tiempo prolongado hasta que su orgullo desaparece para dar paso a una verdadera receptividad.

Capítulo VIII

VISUALIZACIÓN

Uno coloca una sílaba-semilla en el disco límpido y puro de la luna otoñal. Los fríos rayos azules de la sílaba-semilla emanan una intensa compasión refrescante que se expande más allá de los límites del cielo o del espacio. Satisface las necesidades y deseos de los seres conscientes, aportando una profunda calidez para que las confusiones puedan ser aclaradas. Entonces, a partir de la sílaba-semilla, uno crea un Buda Mahavairocana, de color blanco, con rasgos de aristócrata: un niño de ocho años con una mirada hermosa, inocente, pura, poderosa y real. Luce los atavíos de un monarca de la India medieval. Usa una resplandeciente corona de oro con incrustaciones de joyas. Parte de su larga cabellera negra flota por encima de sus hombros y espalda; el resto está recogido en un moño coronado por un centelleante diamante azul. Está sentado sobre el disco lunar con las piernas cruzadas y las manos en mudra de meditación albergando una vajra tallada de cristal puro blanco.

Ahora bien, ¿qué haremos con **esto**?

La imagen no es complicada; al mismo tiempo, es sumamente rica. Una sensación de dignidad la rodea y también un sentimiento de ingenuidad. Contiene una pureza que es irritantemente pura, irritantemente fría. A medida que seguimos la descripción de Mahavairocana, tal vez su presencia empieza a cobrar forma en nuestras mentes. Este ser realmente podría existir: un príncipe real de ocho años que nació de una sílaba-semilla. Uno se siente bien al pensar en este ser.

Mahavairocana es el símbolo central del primer yana tántrico, el **kriyayogayana.** Evoca el principio básico de kriyayoga: inocencia, pureza. Es visualizado por el iniciado como parte de su meditación.

En el kriyayogayana, puesto que uno ya ha descubierto la trasmutación de la energía, el deleite omnipresente, no hay lugar para la impureza ni la oscuridad. La razón consiste en que no hay dudas. Los elementos toscos, confusos, sucios e impuros de la lucha con samsara han quedado muy atrás. Finalmente somos capaces de asociarnos con aquello que es puro, limpio, perfecto, absolutamente inmaculado. Al fin hemos logrado dar realidad a **tathagatagarbha**, la naturaleza de Buda. Hemos logrado visualizar, dar realidad, formular un principio de lo más inmaculado, puro, limpio, hermoso, blanco y sin mancha.

Es un error extendido ver al tantra como arte pop. Muchas personas han oído decir que el enfoque tántrico consiste en aceptar plenamente el samsara. En consecuencia, se ha extendido la idea de que lo aceptamos todo —la sexualidad, la agresión, la ignorancia— como legítimo y puro; que aceptamos la grosería como una gran broma. «La grosería es divertida.» En consecuencia, según esta idea, podemos entrar en el tantra siendo groseros y sucios: «puesto que tenemos que vivir con la grosería considerémosla hermosa». Pero visualizar a Mahavairocana difiere en gran medida del gesto de robar un cartel de la «Rue Royale» de París y colgarlo en nuestro cuarto. Toda la idea del tantra es muy distinta a ingresar en un club formado por maestros tántricos en el que se ha resuelto considerar el embrollo de la confusión como algo con lo que se puede vivir y actuar, simular que la montaña de mierda en la que estamos sentados es tierra fresca y agradable. Pero se trata de un serio error.

El error parece radicar en la idea de que el tantra surge de algún tipo de desesperación; puesto que no podemos manejar la confusión, aceptemos la convención del tantra como una gracia salvadora. Entonces la mierda de nuestra confusión se torna pictórica, artística: arte pop. Se supone que el tantra reconoce ansiosa y formalmente esta opinión. Claro que esta idea contiene algo muy burdo. Si el tantra reconociera, meramente, que hay que conformarse con samsara, ignorando su propia pureza y limpieza absolutas, entonces el tantra implicaría únicamente otra forma de depresión y estaría vacío de compasión.

En realidad, lejos de comenzar por la exaltación de la grosería, la introducción al tantra es fantásticamente precisa y pura, limpia y artística. Podría decirse que el kriyayogayana es con respecto al Vajrayana lo que el enfoque Yogacara —que sustenta el zen— representa para el Mahayana. Existe una pronunciada cualidad artística, una gran apreciación de la pureza y la limpieza.

Al igual que los bodhisattvas que encarnan la magnífica visión del Mahayana son buenos ciudadanos, los yoguis tántricos también lo son. Los iniciados tántricos son como los buenos mecánicos de los garages que conocen los detalles ínfimos del funcionamiento de las máquinas con mente limpia y precisa. Los iniciados tántricos son buenos artistas que pintan buenos cuadros y no intentan estafar. Los iniciados tántricos son buenos amantes que no se aprovechan de la energía y emoción de sus amados sino que hacen el amor vital, exacta, puramente. Los iniciados tántricos son buenos músicos que no pierden el tiempo aporreando instrumentos al azar sino que interpretan sensible, musicalmente. En modo alguno ha de asociarse al tantra con los estilos de vida marginales, la bohemia, en los que uno es altamente crítico de las convenciones y se recrea siendo tosco y sucio.

La comprensión correcta del tantra es crucial para la práctica de la visualización. Un maestro Nyingma dijo que llevar a cabo la práctica de la visualización es como acostarse con una tigresa embarazada. Ella podría tener hambre en mitad de la noche y decidir engullírselo. Por otro lado, ella podría comenzar a acunarlo, creando la calidez y la textura suavizada con las pieles del espacio protector. Por cierto, la práctica de la visualización sin su comprensión correcta es altamente destructiva. Un texto kriyayoga, el **Vajramala**, afirma que el iniciado que practica la visualización errónea en vez de alcanzar la apertura completa de Vajrasattva logra la egolatría total de Rudra, el simio espiritual esencial. Las advertencias en torno a la visualización errónea son frecuentes en las estructuras tántricas.

En general, la visualización errónea adopta la forma de intensificación de los objetos mentales corirentes. Uno crea una imagen a través de la racionalización de la esperanza. Por ejemplo, en medio de una práctica de meditación surge una fantasía sexual y uno decide remontarla en todos sus detalles: etapa uno, etapa dos, etapa tres y así sucesivamente. Es posible aplicar este mismo enfoque a las visualizaciones del material tántrico. Incluso al visualizar Mahavairocana, un niño sentado sobre un disco lunar, uno podría estar recreando la proyección del propio ego. El resultado es el simio esencial: «yo soy Mahavairocana, yo soy uno con él; que nadie desafíe esto». Surge un sentido de la bestia, un gran pecho poderoso, el gorila cósmico.

Existe una actitud y una comprensión precisas de la visualización que corresponden a cada nivel del tantra: kriyayoga, upayoga, yoga, mahayoga, anuyoga y maha ati. La comprensión del discípulo se desarrolla orgánicamente desde una etapa del tantra hasta la siguiente. Pero es absolutamente necesario que el discípulo haya recorrido todas las etapas previas para alcanzar una comprensión adecuada de la visualización. Debe haber desarrollado la comprensión hinayana del sufrimiento, la discontinuidad, la ausencia del ego y la percepción de la estructura del ego. Ha de haber alcanzado la comprensión a nivel Mahayana del principio shunyata y su aplicación en las paramitas, las seis acciones trascendentales del bodhisattvas. No es necesario que haya logrado un dominio completo de todas estas experiencias, pero debe haber llegado a entrever su significado. Ha tenido que repetir su acción mental o, al menos, extraído una parte de ella. Debe poseer cierto sentimiento de haber hollado la senda de Hinayana y Mahayana antes de embarcarse en el Tantrayana.

Si ha hecho esto la visualización, en lugar de actuar como un refuerzo del engaño del ego, estará inspirada por un sentimiento de desesperanza o, por decirlo de otro modo, de ausencia del yo. Uno ya no puede engañarse a sí mismo. Aparece la desesperación de haber perdido el territorio propio; la tierra tiembla bajo sus pies. Uno se siente suspendido en el vacío o es capaz de concienciar al menos su no-existencia, su ausencia de eso. Sólo entonces uno puede visualizar. Esto es extremadamente importante.

Según la tradición, Atisha Dipankara fue uno de los principales maestros que trasmitió las enseñanzas Vajrayana de la India al Tibet. Atisha preparó los fundamentos de Vajrayana enseñando la renuncia. En realidad, era conocido como el maestro «refugio» a raíz del modo extremo en que enfatizó el hecho de refugiarse en el Buda, el Dharma y el Sangha. Refugiarse en el Buda, el Dharma y el Sangha es un proceso de abandono. Atisha acentuó de manera extrema el abandono, el dar, el abrirse, el no aferrarse a algo.

Las personas que viven en Nueva York tienen impresiones muy intensas y definidas sobre la ciudad: los taxis amarillos, las patrullas, la escenificación de las calles. Imaginemos, por ejemplo, que tratamos de hacer comprender esto a un tibetano que vive en Lhasa. Si uno quisiera instruirle acerca de los Estados Unidos comenzando por Nueva York podría decir: «la ciudad de Nueva York es así: hay calles, rascacielos, taxis amarillos. Visualiza todo eso. Simula que estás allí». Uno podría exponer al infinito la especificidad de Nueva York, explicarla hasta en el más ínfimo detalle; pero él experimentaría una gran dificultad para visualizarla, para tener realmente el sentimiento de estar en Nueva York. Se relacionaría con la ciudad como si fuera una especie de tierra misteriosa. Tendría una sensación de novedad.

Enseñar a los norteamericanos a visualizar a Mahavairocana es como enseñar a los tibetanos a visualizar la ciudad de Nueva York. Los norteamericanos, sencillamente, no han conocido ese tipo de experiencia. ¿De qué modo es posible cubrir esta brecha? Precisamente atravesando los tres niveles de la práctica budista. Sin las prácticas básicas que llevan al vacío de la mente y al desarrollo de la conciencia, no existe modo alguno de comenzar la práctica de visualización del tantra.

A través de estas prácticas fundamentales uno puede comenzar a ver por qué se enfatiza tanto la pureza y la limpieza, la cualidad inmaculada de la visualización de Mahavairocana. A causa de esas experiencias preparatorias el infante nacido de una sílaba-semilla, sentado sobre el disco lunar, se torna imponente, magnífico. Este Buda sambhogakaya se vuelve hermoso debido a que uno ha desarrollado la posibilidad de la experiencia imparcial. Uno puede relacionarse directamente, prescindiendo del ego; de este nivel imparcial de experiencia surge un principio y Mahavairocana, por ejemplo, se torna fantásticamente expresivo. Se trata de una pureza completa, pureza que nunca tuvo que ser lavada. Si uno intentara producir este tipo de pureza empleando Ajax para limpiar la propia imagen sucia, simplemente crearía un embrollo más. La pureza de la experiencia tántrica es incuestionablemente verdadera. El iniciado no precisa pensar dos veces: «esto sucede realmente o lo estoy imaginando». La experiencia excluye la incertidumbre.

La visualización es una parte destacada de la práctica tántrica. Uno se identifica con varias figuras iconográficas: Budas sambhogakayas, herukas, dakinis. Esto se cumple a fin de desarrollar el orgullo vajra. El orgullo vajra es distinto al estúpido orgullo corriente. Es orgullo iluminado. Uno **sí** posee las potencialidades de la deidad; uno ya es él. La magia no es propia de la visualización sino que hay magia en el orgullo, en la inspiración de uno. Uno **es** Mahavairocana. Uno es absolutamente limpio, inmaculado y puro. En consecuencia, es posible identificarse con la **propia** pureza, la pureza de uno más que la de un dios externo que es puro, más qua la de algún tipo de elemento extraño que penetra en uno. Uno está despertando.

De ello se desprende que el tantra no es mágico en el sentido de conjurar o implicar a uno en un mito. El tantra es el nivel más alto de un proceso de evolución porsonal. Es el desarrollo esencial de la lógica que recorre toda la senda budista.

El kriyayoga enfatiza de manera particular los mudras, o gestos de la mano, además de la visualización. Durante estas prácticas uno está, en cierto sentido, compitiendo con los Budas y las deidades. Uno hace los gestos de sus manos, se comporta como ellos, intenta convertirse en uno de ellos. Una vez más, no se trata de intentar sino de pensar que se **es** uno de ellos. El orgullo vajra es el orgullo de que uno **es** Buda.

Una cuestión importante para los principiantes del tantra reside en que uno **es** las deidades, en que uno **es** los Budas. Puede ocurrir que uno no piense realmente que lo es. Ello le hará obligarse: «se supone que tengo que pensar que soy Buda Samantabhadra, soy Mahavairocana. En consecuencia, es mejor que asuma ese rol». Se considera que este enfoque remoto en lugar del camino directo **de ser** realmente esa deidad, es cobardía o estupidez. Con el objeto de desarrollar el orgullo vajra, uno debe relacionarse directamente con el dolor de las situaciones, en este caso el dolor de ser realmente la deidad, y comprender su valor. Sólo entonces ese orgullo cobra validez.

El kriyayoga enfatiza fuertemente la pureza en relación con el desarrollo del orgullo vajra. Uno es inmaculadamente puro porque no caben dudas. Esto aparece asociado con la visión del mundo fenoménico en mahamudra. El mundo fenoménico es visto como totalmente variopinto, precisamente es hermoso **tal como es,** más allá de la aceptación y el rechazo, sin problema alguno. Uno ha visto las cosas de este modo debido a que ya ha remontado la idea conceptualizada de un yo y ha visto a través de sus proyecciones. Puesto que de esto se trata, nada podría surgir que constituyera un obstáculo en el manejo de la situación. Es totalmente precisa y clara. **Es tal como es. Es lo que es.**

Capítulo IX

INICIACIONES Y TRANSFERENCIA DEL PODER

Me gustaría hablar de las iniciaciones o **abhishekas**, situarlas en una perspectiva adecuada en términos de cómo se aplican, cuándo surgen y a qué se refieren. Con el propósito de comprender este intrincado modelo, debemos poseer una imagen de todo el proceso gradual de desarrollo espiritual en el Budismo.

La situación de la que parte el desarrollo espiritual se representa en el Tantrayana visualmente como un mandala. Mandala es comprendido como un centro que es hermoso debido a que los contornos están presentes. Representa, de manera gráfica, una situación total. El centro representa al maestro o, más esotéricamente, al gurú. Este nunca está solo sino que existe en relación con sus contornos. Los contornos son considerados como la expresión de una nueva orientación con relación a este centro. El mandala se compone de acuerdo con los cuatro puntos cardinales. Estos puntos simbolizan una orientación en la cual todos los aspectos (direcciones) de la situación se ven en relación con el gurú y, en consecuencia, conllevan su mensaje. En definitiva, toda la situación se convierte en una comunicación a cargo del gurú maestro. Depende de nuestro nivel de desarrollo espiritual el que sólo veamos al gurú concretamente como persona o que también lo podamos ver simbólicamente.

El mandala posee una determinada cualidad específica según la cual cada situación es única y no puede repetirse. Sólo se pueden obtener similitudes. El mandala también cuenta con su propio sentido temporal que no puede igualarse al pasaje del tiempo tal como lo comprendemos de manera corriente. Posee una cualidad de simultaneidad que concierne a todos los aspectos y que va más allá de nuestra comprensión corriente de la secuencia. Si se entiende correctamente, el mandala nos redescubre la senda espiritual, nos permite reconsiderar la posibilidad de estar más relacionados con nuestro propio ser sin identificarlo con esto o aquello. Incluso la comprensión que implica el mandala brinda tradicionalmente una protección contra la reificación.

La senda budista, que conduce a ver la propia situación como una mandala, comienza al tomar refugio. Nos refugiamos en las tres joyas: el Buda, el Dharma y el Sangha. Esto puede ocurrir a varios niveles. Desde un nivel físico corriente se trata de repetir meramente la fórmula. Pero esto también implica un proceso que se desarrolla en nuestro interior. Según este aspecto interno, tenemos la instrucción de refugiarnos en algo permanente, algo que realmente puede ofrecer refugio. Sólo podemos refugiarnos en algo certero; de lo contrario, refugiarse sería una mera ficción y no ofrecería la seguridad que queremos. En este sentido interior refugiarse significa abandonarse a aquellas fuerzas de las que nosotros somos, por así decirlo, la última transformación. En cierto modo, estas fuerzas se han congelado en nosotros. Por ello, refugiarse significa comprometernos en un proceso de descongelamiento para que la energía vital —o como bien queramos llamar a estas fuerzas que operan a través nuestro y que, de algún modo, quedan bloqueadas— pueda fluir libremente.

Más allá de esto, refugiarse puede relacionarse con capas aún más profundas hasta que arribamos al punto en que ya no se aplican las distinciones, diferenciaciones y separaciones que introduce nuestro pensamiento corriente. A este nivel, cuando hablamos de refugiarnos en las tres joyas, nos referimos a hacerlo en algo cuya índole es, en última instancia, unitario. Sólo hablamos en términos de tres aspectos en un esfuerzo por describirlo.

De este modo, el primer paso de la disciplina tántrica consiste en refugiarse y en comprender esto correctamente, no como una actuación exterior que de algún modo podría resultar beneficiosa, sino como una ceremonia que intenta despertar las fuerzas originarias que permanecen inactivas dentro de nosotros. Así entendida, la ceremonia sólo puede ser eficaz si también actúa algo que técnicamente se conoce como una **actitud.** Ello presupone que previamente hayamos desarrollado una actitud cuya finalidad consiste en permitir que todo lo que está dentro de nosotros alcance su más amplio espectro de juego.

En este punto entra en juego también lo que podríamos denominar amistad o compasión. Esto significa tener en cuenta el hecho de que el reino con el que, al refugiarnos, estamos entrando en contacto es más amplio que aquel en el que generalmente actuamos. Esto provoca automáticamente una sensación de apertura.

El paso siguiente después de buscar refugio consiste en entrenar la mente. No se trata aquí de un entrenamiento intelectual, sino de alcanzar a ver nuestro propio ser bajo una luz distinta. El movimiento supone varias etapas. En primer lugar, es necesario ver con claridad nuestros procesos mentales. Luego concienciaremos que han de ser liberados de los presupuestos con los que corrientemente enfocamos las cosas. Automáticamente comprenderemos cuál es la naturaleza de este proceso purificador. Todo el movimiento profundiza cada vez más hacia el interior, hacia nuestras profundidades ocultas en las que las energías están comenzando a fluir nuevamente.

Los abhishekas del Tantrayana son desarrollos que se desprenden de lo que comenzó mediante el refugiarse. Es posible comprenderlo como un proceso de purificación que progresivamente nos ayuda a ver nuestra situación como un mandala del gurú. Purificación significa superar lo que se conoce técnicamente como las diversas **Maras.** Maras son lo que según la terminología moderna conocemos como ideas sobrevaloradas. Son una fuerza de muerte que nos impide crecer. Superarlas forma parte de la disciplina tántrica.

Una de las principales Maras concierne a las ideas que tenemos con respecto a nuestro cuerpo. Lo formamos y lo analizamos inconscientemente hasta tal punto, que ya no nos relacionamos con él como estructura viviente. Nuestras ideas sobre el cuerpo son inútiles, sólo son una limitación del potencial que está allí. Pero incluso esta idea limitadora nunca está separada de su fuente vital. Entender esto implica un desarrollo que nos conduce cada vez más a la presencia del gurú.

Podemos considerar la relación con el gurú en términos de aspectos internos y externos. Incluso podemos ver que el gurú se nos ha aparecido bajo diversas formas. Al adoptar esta visión más amplia de la naturaleza del gurú, comprendemos que siempre hay alguien que nos guía o nos desafía en el crecimiento espiritual. La relación con el gurú siempre está presente: esta es la perspectiva del tantra.

El proceso de ver nuestra vida de una forma cada vez más directa también implica la demolición de nuestro bloque de convicciones sobre nosotros mismos y sobre el mundo. En este proceso surge la necesidad de las así llamadas iniciaciones abhishekas. Abhisheka deriva de una raíz sánscrita que significa «ungir». Su simbología proviene de la ceremonia tradicional hindú de la investidura de un gobernante. La investidura tiene lugar a través del otorgamiento de cierto poder. Esta idea de poder surge de la traducción tibetana de abhisheka como **wangkur** (dbang-skur). **Wang** significa algo parecido a «poder», aunque no en el sentido de poder político o dominio. Wangkur es una **transferencia de poder** en el sentido de que, de allí en adelante, la persona así investida es autorizada a desplegar al máximo las fuerzas que operan en su interior, fuerzas cuya naturaleza es fundamentalmente sana.

La primera abhisheka o **transferencia del poder por mediación de la vasija** se relaciona con el hecho al que ya hemos aludido al observar que estamos aferrados a la concepción que tenemos de nuestro cuerpo. En el mundo occidental se nos condiciona a pensar que la mente es superior al cuerpo, es decir, despreciamos el cuerpo. Ahora bien, esta concepción es muy ingenua. Si el cuerpo fuera una cosa tan degradada, las personas se sentirían felices de que lo mutilaran o debilitaran. Pero nadie se somete voluntariamente a semejante proceso, lo que significa que el cuerpo es muy valioso. Nuestro cuerpo es uno de los puntos de orientación más importantes. Todo cuanto hacemos se relaciona con él. Usted está situado en relación a mí en términos de mi cuerpo y de ningún otro modo. Para comprender el potencial creativo de esta encarnación debe llevarse a cabo una purificación.

La imagen de la primera transferencia del poder es la purificación. Se trata, esencialmente, de un baño simbólico. Se hace el gesto de verter agua de una vasija sobre la persona que recibe la transferencia de poder. Esto se aproxima, dada la ausencia de sistemas sanitarios modernos, a la forma hindú corriente de bañarse. Parece que simplemente significa sacarse la suciedad, —en este caso la estructura conceptual que tenemos con respecto a nuestros cuerpos—, pero esta purificación también es una confirmación de poder puesto que expresa que, de allí en adelante, utilizaremos mejor y más adecuadamente nuestro ser-un-cuerpo. Significa que estamos en el camino de la comprensión de nirmanakaya, la realización de la encarnación como esencialmente valiosa. Esto significa estar vivo en determinadas circunstancias medidas y limitadas con las que al relacionarnos, activan como la base operativa de nuestra creatividad.

Estas transferencias de poder o abhishekas son etapas de un proceso unitario. En cierto sentido, estas etapas son realmente simultáneas debido a que todos los aspectos de la experiencia están interrelacionados. Empero, estamos obligados a cumplir una después de otra.

La segunda abhisheka, **la transferencia de poder secreta** o **del misterio** concierne a la palabra y al lenguaje: a nuestro modo de comunicación. No sólo concierne a la comunicación externa (con los demás), sino también a la comunicación con nuestro propio mundo interno. Nos cuesta comprender que, en nuestra mente, representamos constantemente para nosotros mismos nuestro melodrama particular, nuestra versión de lo que nos está ocurriendo. Y realmente discutimos con nosotros mismos acerca de ello. Se puede afirmar pues que en nuestro modo de comunicar existen ciertas predisposiciones y pautas neuróticas. A nivel de la segunda transferencia de poder trabajamos con este material con objeto de alcanzar otro nivel de comunicación más saludable. Una conversación puede prolongarse interminablemente sin comunicar nada. Muchas personas están constantemente hablando, hablan y hablan y nunca tienen nada que decir. En general, el curso de nuestra vida mental suele reducirse a este nivel de cháchara vacía. Empleamos las palabras como tachuelas para sujetar las cosas y perdemos la dimensión abierta de la comunicación. Al emplear las palabras de este modo matamos aquello que infiere un valor real a la vida. Ello se ve reflejado en el nivel físico y refuerza nuestro modo de ser limitado a ese nivel.

Pero la comunicación puede fluir de un modo muy distinto. Ni siquiera necesita realizarse a través de los modelos verbales establecidos. Aquí es donde aparece el **mantra.** Mantra significa comunicación a un nivel muy distinto al corriente. Permite la manifestación de nuestras fuerzas interiores y, al mismo tiempo, impide que nuestras mentes se extravíen en una conversación vacía. La segunda abhisheka transfiere el poder necesario para vivir este nivel superior de comunicación.

Nuestra presencia no sólo implica nuestra encarnación y una actividad comunicativa sino también un modelo de pensamiento. En general, pensamos en conceptos e, indudablemente, para alcanzar los fines prácticos de la vida, son imprescindibles. Pero, por otro lado, los conceptos también son imágenes que imponemos a las cosas. Los conceptos son formas que nos imponemos a nosotros mismos para etiquetar así las fuerzas vivientes que en realidad somos. A partir de ahí nuestra vida mentali dependerá de estas etiquetas. Vemos pues que este modo de limitar las cosas de antemano, por así decirlo, también se extiende al nivel pensante.

En definitiva, todo lo que hemos considerado en los tres niveles de cuerpo, palabra y pensamiento es un modelo entrelazado de limitación. Si vivimos, como lo hacemos corrientemente, según este modelo de limitación, nos encontramos atascados en una situación en la cual todo tiende a volverse cada vez más estrecho. Estamos atrapados en una maraña de posibilidades decrecientes. Estamos condicionados a un mundo en el que podemos expresar menos de lo que podemos pensar y hacer menos de lo que podemos decir.

El proceso de desarrollo espiritual se ocupa de descongelar esta situación. ¡Y qué fantástica experiencia cuando la vida puede volver a fluir libremente, cuando los brotes florecen, cuando los ríos salen de madre y las aguas corren con toda su pureza! Las abhishekas abren la posibilidad de una nueva dimensión que por lo general uno nunca experimenta. Súbitamente uno es introducido en algo de lo que nunca ha tenido conciencia. Ante semejante situación se corre el gran riesgo de que la experiencia sea erróneamente entendida. Surgirá una fuerte tendencia a reducirla a nuestro marco habitual de referencias. Si esto ocurre, la experiencia puede ser muy dañina, sobre todo en el caso de la tercera abhisheka, a nivel del pensamiento.

La comprensión correcta de la tercera abhisheka depende, en gran medida, de la interpretación correcta de los símbolos que entran en juego en este punto. Estos símbolos son **karmamudra, jnanamudra, mahamudra y samayamudra.** El funcionamiento del proceso de iniciación espiritual depende de que lleguemos a entender estos símbolos de un modo distinto al corriente.

Literalmente **mudra** significa «sello». ¿Pero qué es un sello? Es algo que imprime una huella muy profunda en aquello con lo que se pone en contacto. De modo que en este contexto sería mejor comprender mudra como un encuentro tremendo en el cual se unen dos fuerzas que dejan una impresión muy profunda.

Karma proviene de la raíz sánscrita que significa «acción», lo que uno hace al entrar en contacto con el mundo. De manera general, nuestros encuentros más frecuentes surgen con otras personas; y esas personas son hombres y mujeres. Simbólicamente, la forma que se revela como más potente es nuestro encuentro con el sexo opuesto. Ahora bien, podemos limitarnos a considerar esta situación de forma literal y pensar, al encontrarnos con una persona del sexo opuesto, en tomarla como una especie de utensilio. De ese modo, reducimos el encuentro a un medio que condiciona absolutamente nuestra potencialidad. Es verdad que el sexo es divertido pero si se prolonga demasiado nos aburre. Debemos comprender el encuentro sexual de forma totalmente distinta a como se ve generalmente. Una característica del encuentro sexual reside en que nunca estamos en reposo, hay una acción y una reacción constantes. Esto, dada su misma naturaleza, puede crear una apertura de la conciencia más allá del nivel ordinario. Puede permitir una expansión de la conciencia matizada por el goce.

Si hemos percibido el **karmamudra** de este modo constructivo en lugar de hacerlo de forma reductora, automáticamente surge una necesidad a avanzar aún más en la dirección de la conciencia abierta. Esto conduce a la relación con el **jnanamudra.** De pronto toda la situación ha cambiado. La relación ya no es meramente a nivel físico sino que potencia una imagen, una visualización que facilita un grado completo de apreciación y comprensión. Esto abre perspectivas totalmente nuevas.

La cualidad inspiradora es mucho más poderosa y más trascendental que la que provoca el karmamudra. Podemos alcanzar un nivel muy profundo de conciencia hasta llegar a fundirnos con el otro en una experiencia unitaria. La distinción entre uno mismo y el otro se diluye. Nace una sensación de tremenda inmediatez que también provoca una sensación de gran poder. Nuevamente se corre el peligro de asumir reductoramente la experiencia y pensar: «ahora he alcanzado un gran poder». Pero si somos capaces de vivir este momento como el de una experiencia abierta alcanzaremos el **mahamudra** o, en este contexto, el encuentro supremo.

Una vez que hemos experimentado esta experiencia cumbre deseamos retenerla o, al menos, lograr que se manifieste nuevamente. Esto se cumple a través del **samayamudra.** El samayamudra contiene las diversas figuras que vemos representadas en los thangkas o pergaminos tibetanos. Estas formas son expresiones de las profundas impresiones que han surgido de los encuentros que hemos tenido con las fuerzas que operan en nuestro interior. No es como si fuéramos, por así decirlo, recipientes de estas fuerzas... más bien somos como manifestaciones parciales de las mismas. En estos encuentros nuestro estado de separación y alejamiento quedan momentáneamente abolidos. Al mismo tiempo, superamos nuestras tendencias reductoras amortiguadoras. En el samayamudra nos comprometemos, a través de la simbología de la senda tántrica, con las implicaciones de esta gran experiencia de apertura.

Después de las pertinentes al cuerpo, la palabra y el pensamiento existe una cuarta abhisheka. Como he señalado, estas etapas forman parte de una situación unitaria que enfocamos secuencialmente sólo a causa de las limitaciones de nuestro modo ordinario de experiencia. Pero es más inteligente verlas como parte de un gran fresco en el que todos los aspectos están interrelacionados y se funden. En la cuarta abhisheka vemos las experiencias anteriores como aspectos de una totalidad. Estas experiencias se funden en un modelo integrado que no puede ser destruido. Su indivisibilidad queda claramente demostrada mediante la transferencia de poder.

Una vez alcanzado este estado ni siquiera podemos decir que nos hemos convertido en Uno debido a que la idea de unidad o singularidad ya no se aplica. El término —Uno— sólo es significativo entre dos o tres. La unidad implica previamente una pluralidad. Pero lo que aquí abordamos es una unidad que incluye la pluralidad. Unidad y pluralidad sólo parecen contradecirse cuando las consideramos como términos aislados. Sin embargo nunca puede haber aislamiento cuando todo forma parte de la totalidad del modelo. El aislamiento es una abstracción mientras que la pluralidad es aquello que encontramos en el mundo estemos donde estemos. El sentido original de unidad se recupera al no separar la cualidad unitaria en unidades aisladas. Y esto surge aquí como una profunda experiencia interna.

Esta profunda experiencia interna es obra del gurú

que a través de experiencias profundas ejerce su influencia en el modelo de nuestro crecimiento espiritual. En último extremo, el gurú no es otro que el Buda: no el Buda histórico sino la condición de Buda en sí misma. De este modo, todas las transferencias de poder son efecto del **guruyoga.** En el guruyoga intentamos acercarnos a nuestra naturaleza original a través de una aproximación al gurú. En las transferencias de poder estamos realmente en relación con él. También estamos en relación con su linaje, con aquellos que lo han precedido en la trasmisión directa de la enseñanza y con los cuales él continúa en relación.

Al igual que la fórmula de refugio y las ceremonias de transferencia de poder, la práctica guruyoga posee una forma externa que alude a una experiencia más profunda. En este caso, la forma externa es una especie de letanía. Pero si al recitar esta letanía concienciamos nuestro propio despertar interno que, en definitiva, hace fluir esas palabras, estas retornan a la persona a la que hemos elegido como nuestro guía espiritual. En sí, la letanía no es lo esencial, pero nos descubre que a lo largo de la historia humana han existido personas que despertaron. Su ejemplo nos desafía a mirarnos a nosotros mismos y a despertar a nuestro propio ser. En el proceso de aproximarnos a lo que su ejemplo significa, la naturaleza del gurú, según nos relacionamos con él, vuelve a cambiar y se torna más profunda. Se revela como un principio cada vez más adecuado a la realidad que nuestra impostura habitual.

Las diversas ceremonias —el refugio, el guruyoga y las transferencias de poder— están fundadas en una forma exterior a fin de que puedan repetirse. Pero es de la mayor importancia tener conciencia de la índole altamente simbólica del tantra según se expresa en estas formas. Debemos distinguir entre símbolo y señal. Se puede colocar una señal en cualquier cosa y hacer que actúe como marca de identificación. Un símbolo siempre indica algo más allá de sí mismo. En este caso, apunta hacia aquello que no puede ser dicho.

El uso indiscriminado de los textos y el carácter repetible de los rituales han sido perjudiciales puesto que se abusó de ellos, sin tener conciencia de los diversos niveles de la simbología. Cuando una persona recién ha evolucionado hasta el punto en el que ya no confunde un símbolo con una señal, comienza a entrar en verdadero contacto con el gurú. Sólo entonces el modelo de desarrollo que ofrece la tradición tántrica —comenzando por tomar refugio y avanzando a través de las diversas prácticas tradicionales y las cuatro transferencias de poder— provoca el efecto de suscitar el poder que está dentro nuestro. Nos torna cada vez más vivos y nos lleva a una nueva percepción de nuestra situación en la que vemos que nunca estamos solos, que nunca somos fines aislados en nosotros mismos.

Vemos que siempre nos encontramos en un campo de fuerzas, por así decirlo, en el cual cada uno de nuestros actos ejerce su efecto sobre nosotros. Las transferencias de poder nos abren progresivamente nuevas dimensiones de esta visión. A partir del momento en que la desciframos, el gurú siempre está presente, aunque quizá no pueda ser claramente percibido. Cuando la visión comienza a madurar, uno percibe al gurú como el gran desafiador en la búsqueda de ser fiel a uno mismo.

Capítulo X

PREGUNTAS Y RESPUESTAS: GUENTHER

P: ¿Qué puede decir sobre el mantra?
G: Según la explicación hindú la palabra **mantra** proviene del sustantivo **manas** y la raíz verbal **tra** («proteger»). La explicación completa es la siguiente:

manastrānabhūtatvād mantram ity uçyate

«Puesto que se ha convertido en una protección de la mente se le llama mantra.» Generalmente se asocia el mantra con determinadas sílabas o combinaciones de sílabas. No tiene ningún sentido tratar de encontrar un significado a estas sílabas como solemos hacer con las palabras corrientes. Esto apunta exactamente en contra del propósito del mantra, que consiste en proteger la mente para que no se extravíe en las ficciones habituales. Estas últimas están muy ligadas a las palabras. La función del mantra es evitar la tendencia de la mente a, por así decirlo, fluir hacia abajo. En este punto nos vemos obligados a emplear esta metáfora espacial; también podríamos hablar de la tendencia de la mente a planear hacia algo o a caer.

Esta misma metáfora está presente en el pensamiento religioso occidental, que sostiene que el hombre es un ser condenado a la caída. Nuestros procesos mentales siempre tienden a desarrollarse al nivel más bajo, al igual que el agua. En cuanto el agua que corre hacia abajo ha alcanzado el fondo, ha perdido su potencial y prácticamente no es posible hacer nada. Pues bien, nuestra mente funciona del mismo modo, planeando hacia este sistema de ficciones que hemos desarrollado.

Podría utilizar la palabra «amor» para dar un ejemplo de mantra. Esta palabra puede emplearse cotidianamente de modo tal que carezca de significado o de manera que esté llena de significado. En el segundo caso, mantiene algo vivo; en el primero, sólo se trata de una pieza muerta del lenguaje. Cuando un joven corteja a una muchacha puede decir «te amo» o dirigirse a ella llamándola «amor mío». Al hacerlo, expresa algo que ninguna otra palabra podría transmitir mejor. Un tiempo después la pareja va al tribunal de divorcios y él dice: «Bien, amor mío, separémonos.» En un caso, la palabra «amor» es un mantra; en el otro, sólo se trata de una metáfora corriente. Vemos pues que no hay nada misterioso en los mantras.

P: Dr. Guenther, ¿podría darnos una idea del sentido que cobra la palabra **svabhava** en el término svabhavikakaya cuyo sentido parece distinto al que tiene en otros términos?

G: En el término **svabhavikakaya, kaya** deriva de los otros vocablos (dharmakaya, sambogakaya, nirmanakaya). Con el objeto de recalcar que existencialmente kaya no depende de nada más, uno dice svabhava. En este caso, svabhava tiene un sentido aproximado a «existencia en sí». En consecuencia, svabhavikakaya no es diferente de dharmakaya, aquello que existencialmente no depende de nada más. Empero, nirmanakaya y sambogakaya dependen de dharmakaya.

P: De modo que no es posible decir que svabhavikakaya depende de dharmakaya.
G: Exactamente. Es evidente que el término svabhavikakaya evolucionó a fin de esclarecer aquello a lo que se hacía referencia con dharmakaya. Dharmakaya poseía dos significados. Por un lado, en un sentido corriente se lo asocia con la misma naturaleza de la condición de Buda. Por otro lado, también significaba la suma total de todas las entidades de la realidad. Este último sentido es el de la primitiva perspectiva Hinayana de dharmakaya. Y es el significado que sigue teniendo en Hua Yen o en la escuela Avatamsaka. En el budismo Mahayana posterior, ambos sentidos se fusionan. A pesar de que ambos son dharmakaya no puede haber dos dharmakayas. De ahí que digamos que el absoluto es dharmakaya y que todas las cosas, vistas como constitutivas o representativas de lo absoluto, también son dharmakaya. Esta percepción que presenta la reconciliación de los dos sentidos de dharmakaya fue una contribución del **Avatamsaka Sutra.** A propósito, este sutra nunca se encontró en ninguna versión sánscrita.

P: ¿Podría esclarecer el significado de sambhogakaya?
G: **Kaya** hace referencia a la realidad existencial del ser y **sambhoga** al ser en comunicación con dharmakaya. Sambhogakaya está entre dharmakaya y nirmanakaya. Depende de y está en comunión con dharmakaya. A este nivel, como ya se ha dicho, la enseñanza del Buda actúa ininterrumpidamente dado que la persona que ha alcanzado este nivel siempre escucha la enseñanza Dharma. Naturalmente, este es un modo figurado de expresarlo.

A partir de sambhogakaya se sigue una condensación más amplia que es nirmanakaya, en el cual lo que se vio o sintió en el nivel sambhogakaya ahora se torna más concreto. **Nirmana** significa «medir». A este nivel, todo se encuentra en un marco limitado que a nosotros nos resulta comprensible debido a que, naturalmente, nuestra mente opera con limitaciones.

P: Se ha referido extensamente a la Yogacara. ¿Qué puede decirnos del rol de Madhyamika en el desarrollo del tantra?
G: Los sistemas filosóficos que se desarrollaron en la India budista —los Vaibhashikas, los Sautrantikas y los Yogacaras (las tendencias mentalistas)— fueron reunidos en los estudios tibetanos tradicionales como filosofías reductoras. Todos intentaron clasificar la totalidad de la realidad bajo existencias particulares, uno bajo una existencia particular de tipo físico, otro bajo una existencia particular denominada «mente». Pero en todos los casos son sistemas reductores. Esto no significa que no existiera un progreso en el desarrollo de dichos sistemas.

Los más antiguos, los Vaibhashikas, se apropiaron de la mente y de los acontecimientos mentales, **citta** y **caitta.** Donde hay mente también hay acontecimientos mentales. Los Sautrantikas pusieron esto en tela de juicio, mostrando que la mente **es** los acontecimientos mentales, de modo que no había fundamentos para este principio doble. Así, lo simplificaron diciendo que un acontecimiento cognoscitivo era mente. Pero los Sautrantikas siguieron hablando de objetos externos que correspondían al polo objetivo de nuestra experiencia cognoscitiva, a pesar de que consideraban estos objetos externos sólo como causas hipotéticas de nuestra experiencia cognoscitiva. Pero una investigación de más envergadura demostró que existían muy pocos motivos para asumir realidades fuera de nuestra experiencia de ella. La fórmula realista sería $x=x+n$, donde x es mente o experiencia y n realidades externas. Ahora bien, esta es una fórmula disparatada a menos que $n=0$, que el realista no acepta. De modo que si analizamos la situación según esta fórmula matemática, el realista carece de argumentos válidos.

La incertidumbre en cuanto al valor de **n** (realidad externa) ya había sido planteada por los Sautrantikas. Luego los Yogacaras extrajeron la conclusión lógica de que sólo hay **x**, que **aparece** como **x+n**. Al reducir toda la fórmula epistemológica sólo a mente o experiencia, los Yogacaras todavía se aferraban a **x**. Esto es exactamente lo que minó la crítica Madhyamika de los Yogacaras mostrando, en realidad, que aferrarse al principio de la mente todavía presuponía el reducir la realidad a alguna existencia particular.

Por este motivo los Yogacaras y los Madhyamikas tuvieron la misma importancia en el desarrollo posterior del tantra. Los Yogacaras, con su principio de la mente, aportaron algo de qué ocuparse. Después de todo, uno necesita ocuparse de algo. Los Madhyamikas contribuyeron con la idea de que uno no puede creer como última respuesta en esto que-tiene-a-mano. Por cierto, esta crítica de la tendencia reductora que había caracterizado toda la filosofía budista anterior fue muy importante.

P:¿Dharmadhatu en el Vajrayana está relacionado con los skandhas?
G: Los skandhas son subdivisiones de dharmadhatu. Todas las escuelas han aceptado esto. Desde la más remota antigüedad, nunca hubo el menor desacuerdo en torno a la división que se trazó de los skandhas, los dhatus y los ayatanas, que componen el dharmadhatu. Las escuelas sólo diferían en cuanto al valor lógico de estos elementos.

La clasificación más antigua fue hecha por los Vaibhashikas en el **Abhidharmakosha.** Todas las escuelas posteriores adoptaron esta clasificación. Inclusive los Yogacaras, que sólo reconocían la mente como esencial, la aceptaron; en realidad, la dividieron de forma aún más compleja que sus predecesores.

Los primeros en intentar una sistematización de lo que había sido dado por Buda en los Sutras, los Vaibhashikas, se basaron en Abhidharmapitaka que se originaba en determinadas listas de palabras. Estas listas de palabras parecen haber surgido después de la muerte del Buda, cuando sus seguidores desearon contar con algún tipo de referencia sencilla acerca del cuerpo de sus enseñanzas. Debía semejar un índice. Esto comenzó como listas de palabras, casi como grupos de sinónimos y antónimos. Los seguidores de Buda comenzaron a organizar la enseñanza de este modo. Encaraban la totalidad de la realidad desde el punto de vista de la categoría que estaban analizando.

Por ejemplo, al considerar la discontinuidad notaron que ciertos hechos eran discontinuos y que había otros fenómenos a los cuales no se aplicaba el término de discontinuidad. Así, terminaron por trazar una gran división entre lo que es discontinuo y lo que es permanente. Todo lo incluido en la categoría transitoria eran existencias particulares divididas en físicas, mentales y otras que no eran ni físicas ni mentales. Entre las existencias particulares que no eran físicas y mentales se contaban, por ejemplo, el logro, el envejecimiento o las letras. Las palabras están compuestas por letras. ¿Són éstas físicas o mentales?

En el lado permanente de esta gran división de la realidad se encontraba **akasha**, traducida generalmente como espacio. Debemos tener claro que en la filosofía budista la idea de espacio nunca indica espacio matemático o situacional. Se acerca más a la idea de espacio vital o espacio vivido. Este espacio es irreductible y carece de transitoriedad; está ahí mientras uno está vivo (después uno no puede enunciar teorías filosóficas).

Esta gran división en lo permanente y lo transitorio fue adoptada por las escuelas posteriores, aunque el modo de analizarla se sometió a críticas y revisiones constantes. Vasubandhu, por ejemplo, criticó algunas de las afirmaciones más antiguas desde el punto de vista Sautrantika. Algunas críticas eran muy simples y puramente lingüísticas. Los Vaibhashikas habían dicho: «El ojo ve.» Esto parece legítimo; probablemente ninguno de nosotros encuentre motivos para poner objeciones a dicha formulación. Pero los Sautrantikas dijeron: «No, **nosotros** vemos **con** nuestros ojos.» Los Sautrantikas comenzaron a criticar de este modo a los Vaibhashikas.

Más tarde quisieron saber exactamente a qué se referían con lo que ellos mismos decían. Esto les condujo a un profundo análisis de la percepción. Se concentraron a fondo en aquello que diferenciaba las situaciones perceptivas verídicas de las engañosas. ¿Cuál podía ser el criterio? Descubrieron que el estudio puede virar de un nivel de absoluto-relatividad a otro y que aquello que era verídico a un nivel podía ser engañoso a otro. De este modo, el estudio epistemológico se amplió considerablemente. Los Sautrantikas intentaron adaptar su criterio al sentido común pero, en el análisis de la percepción, el sentido común no constituye un criterio muy sólido. De modo que se daban las condiciones necesarias para que los Yogacaras llegaran, hicieran su crítica y extrajeran conclusiones.

Pero la postura de los Yogacaras, a pesar de todo su refinamiento en relación con las escuelas anteriores, seguía siendo ingenua. Al ocuparse de la mente, la concretaban y afirmaban como existencia particular. Lo curioso es que cuando hacemos afirmaciones positivas automáticamente excluimos. Si queremos incluir, debemos hacer afirmaciones negativas; decir continuamente «esto no, aquéllo no». Si digo «caballo», excluyo todo lo que no es un caballo. Pero, por cierto, también hay vacas. Así, al afirmar como esencial una existencia particular caemos en esta trampa. Precisamente en este punto se introduce la idea de shunyata como apertura. Shunyata es un término absolutamente positivo en forma negativa.

P: Podría darnos una idea del significado de **dakini**?
G: La palabra tibetana es **khandroma** (mkha'-'gro-ma). Literalmente significa «caminar sobre el espacio». Una vez más, espacio —akasha— no se refiere al espacio matemático o situacional sino al espacio vital. «Caminar sobre» expresa un tipo de apreciación. Esta apreciación del espacio es la inspiración que se representa simbólicamente en la forma femenina. Esta inspiración es la **dakini**; es la inspiración de la apertura del espacio. El rico simbolismo de la danza de las dakinis señala que la inspiración de la apertura no aparece en una sino en muchas formas. Esta danza, una serie de movimientos gráciles, también expresa el hecho de que cada momento es una nueva situación. El modelo cambia constantemente y cada instancia ofrece una nueva oportunidad de apreciación, un nuevo matiz de significado.

P: ¿Qué es **lalita**?
G: Lalita es el movimiento grácil de la danza. Nunca hay un estado de reposo. Lalita también posee una fuerte connotación de belleza. En este caso belleza no difiere de lo valioso y lo valioso no es distinto de lo que es. Cuando intentamos atraparlo o comprenderlo queda destruido.

P: Se ha dicho que el tantra hindú y el budista surgieron simultáneamente, que el uno no precedió al otro. ¿Considera que esto es exacto?
G: Sí, creo que es correcto. Son muy distintos y probablemente uno no pudo derivar del otro. El acento del tantra hindú está en el modo de hacer, de crear. El tantra budista, con su teoría de prajna —discriminación apreciativa— que tiene el mismo valor que upaya —acción— posee un énfasis muy distinto. En primer lugar, el vocablo hindú **shakti** nunca aparece en los textos budistas. Aquéllos que afirman que sí que aparece nunca han visto los textos originales. Pero la idea de shakti es de suprema importancia en el tantra hindú.

El tantra hindú abrazó el sistema filosófico Samkhya, basado en el dualismo de **purusha** —el factor masculino— y **prakrti** —el factor femenino o shakti—. Por lo general, purusha se traduce como «mente pura» y prakrti como «materia». No debe comprenderse en términos de la división occidental entre mente y materia. Mente y materia, tal como se conciben en Occidente, concurren en la prakrti. Purusha es una palabra bastante inútil; el concepto que le corresponde encaja bastante bien en una psicología masculina de dominio. Según el sistema Samkhya, purusha ilumina la prakrti con lo cual se inicia un proceso evolutivo.

Esta concepción plantea algunas dificultades. El purusha se define como ser omnipresente. En tal caso, la liberación nunca puede alcanzarse: la omnipresencia de purusha expresa que continuamente alumbra e irrita a la prakrti. Puesto que existe el dominio del hombre sobre la mujer y al mismo tiempo todo tiene lugar dentro de la prakrti —toda cognisción, toda acción, todo—, el sistema es lógicamente insostenible.

Pero tiene algunos puntos positivos. El análisis de la prakrti en tres etapas o **gunas —sattvas, tamas, rajas—** puede explicar bien las diferencias psicológicas entre los individuos. Algunas personas son más inteligentes, perezosas, temperamentales que otras. Esto está bien explicado. No obstante, el sistema es desde un ángulo metafísico una completa tontería. No puede cumplir lo que se proponen hacer, que es ofrecer la posibilidad de liberación. Mantiene que si sobreviene una separación entre purusha y prakrti se da la liberación pero esto es imposible puesto que purusha es omnipresente. Posteriormente esto fue asimilado por los seguidores del sistema yogui de Patanjali. Intentaron resolver la dificultad postulando un super-purusha, un **ishvara**, un dios. Pero esto sólo abre el camino a un retroceso infinito. Si uno no es suficiente y se supone que existe un segundo, ¿por qué no un tercero, un cuarto, un quinto?

La concepción de semejante conjunto de principios improbables estaba condenado a presentar estas dificultades. Se dice que la prakrti no es inteligente pero todos los procesos inteligentes parten de ella. Se dice que el purusha es inteligencia pura pero no es competente. Esto es como decir: «Mira, tengo un libro muy especial que no tiene páginas, letras del molde, encuadernación ni cubiertas... ¡pero es un libro!»

P: ¿Cómo se cree que debe ser el movimiento de esta relación entre purusha y prakrti y cómo se supone que debe concluir?
G: La prakrti o shakti es utilizada por purusha. El símil consiste en que le pide un baile y que realice varias gracias. Él dice: «Ahora que estoy saciado de esto detente.» Luego agrega: «Ahora somos libres.» Todo ello es un poco primitivo.

P: ¿Es verdad que las palabras pronunciadas por Buda nunca fueron registradas?
G: Sí.

P: ¿Podría decir algo acerca del surgimiento de los Sutra?
G: Después de su muerte se hizo un gran esfuerzo para reunir todo lo que el Buda había dicho. Todos los Sutras comienzan con la fórmula: «He oído decir que...» Por cierto, algunos pasajes fueron recordados correctamente, pero no existe forma de comprobar si estos textos representan las palabras exactas debido a que ningún material fue registrado como cita directa.

P: Entonces parece que no pudieron ser las palabras exastas.
G: La tremenda capacidad de memoria que existía en la cultura oriental podría contrarrestar la probabilidad de que se perdieran todas las palabras exactas. El momento en que codificaron y escribieron las enseñanzas

de Buda no fue, necesariamente, el comienzo de su preservación. Quizá en ese momento decidieron que era una buena idea apuntar todo debido a que la tradición oral **podía** deteriorarse. Pero puede decirse que hasta ese momento la tradición oral fue muy exacta. Dado que las palabras fueron registradas después de la muerte del Buda, esto no es muy dudoso. En ese momento las palabras eran sagradas puesto que el Buda ya no estaba presente. Es verdad que, mientras en algunos pasajes el declamador podía pronunciar las palabras exactas, en otros pasajes sólo podía recitar lo que comprendió. Pero esto fue aceptado.

Otra cuestión a considerar es que los sutras Pali no contienen todo lo que la tradición preservó. La versión sánscrita preservada en los **agamas** tiene fragmentos que no fueron incluidos en la Pali. El canon Theravada refleja definitivamente un interés creado.

P: ¿Cuál diría que es el punto básico de la postura budista?

G: Una cuestión básica a tener en cuenta es aquella a que se hace referencia cuando hablamos del yo o el ego. Debemos extraer su significado más profundo puesto que el ego es el gran obstáculo, una especie de consolidación de nuestro ser, que nos opone a todo ser auténtico. Desde siempre los budistas se preguntan en qué podría consistir dicha entidad. ¿Es lo que denominaríamos nuestro aspecto físico? ¿Nuestros sentimientos, motivaciones, nuestros procesos mentales? Estas son las cosas que intentamos identificar como nosotros mismos, como «yo». Pero hay muchas cosas que pueden señalarse con respecto a cada una de estas identificaciones para demostrar que es espúreo.

La palabra «Yo» presenta peculiaridades muy especiales. Por lo general creemos que es una palabra como cualquier otra, pero en realidad es única desde el momento en que el sonido «yo» sólo puede emitirse de modo que tenga sentido para la persona que lo emplea refiriéndose a sí misma. «Yo» no puede aplicarse a nada más que a este acto de autosignificación. No hay objeto ontológico que le corresponda. Empero, tanto las filosofías orientales como las occidentales han caído constantemente en la trampa de suponer que hay algo que le corresponde, al igual que lo hay para la palabra «mesa». Pero la palabra «yo» es radicalmente distinta a otros sustantivos y pronombres. Nunca puede referirse a nadie que no sea el sujeto. En realidad es un término abreviador que comprende un complicado sistema de fuerzas entrelazadas que puede ser identificado y separado, pero con el cual no debemos identificarnos.

Uno de los primeros pasos del budismo consiste en minar la ingenua persistencia en la idea del ego, prerrequisito de todo estudio posterior. Además, debemos ver que los diversos aspectos de nosotros mismos que solemos identificar a cada paso como «yo» —la mente, el corazón, el cuerpo— son sólo abstracciones de un proceso unitario. Enmarcar esto en su perspectiva también constituye un paso básico. Una vez estos eslabones han sido superados se echa un cimiento aunque, en realidad, durante mucho tiempo seguiremos cayendo en la identificación espúrea.

Esta identificación también cuenta con su polo objetivo. Cuando percibimos algo, creemos automáticamente que hay algo real que corresponde a la percepción. Pero si analizamos lo que ocurre cuando percibimos algo nos damos cuenta de que la realidad es muy distinta. Lo que realmente asimilamos en la situación perceptiva son los elementos constituyentes de un objeto. Por ejemplo, percibimos una determinada mancha de colores y decimos que tenemos un mantel. Este mantel es lo que se llama objeto epistemológico. Pero automáticamente suponemos que no sólo tenemos un objeto epistemológico, un objeto cognoscible, sino también el objeto ontológico que le corresponde, al que consideramos un verdadero elemento constituyente del ser.

Por otro lado, tenemos otras percepciones y decimos: «Bueno, es evidente que no hay nada como esto.» Si alguien padece delirium tremens y ve ratas rosadas nosotros, evidentemente aseguramos que no hay ratas rosadas. Pero, en cualquier caso, aquél sigue en sus trece e intenta atraparlas comportándose con ellas como nosotros con los objetos corrientes. En un cierto sentido metafórico, desde la perspectiva budista, estamos constantemente tratando de atrapar ratas rosadas. De modo que el problema se plantea de nuevo: si una percepción es considerada ficticia y la otra verídica, ¿qué criterio podría utilizarse para su distinción? Lo único que puede decirse es que cualquier objeto que se nos aparezca es un objeto de la mente. Toda creencia en objetos ontológicamente auténticos se basa en un supuesto que no resiste el análisis crítico.

De modo que nos encontramos ante un fenómeno que se refiere a algo que existe más allá de sí mismo. Pero nuestro análisis nos ha demostrado que esta referencia sólo es aparente y que no podemos basarnos en ella como válida. Ahora bien, este análisis resulta extremadamente valioso en la medida en que nos remonta a nuestra experiencia inmediata antes de dividirse en los polos subjetivo y objetivo. En este punto existe una fuerte tendencia a objetivar esta experiencia inmediata y a decir que esta cosa fundamental e inexpugnable a la que hemos retrocedido es la mente. Pero no existe motivo alguno para proponer dicha entidad como la mente; además, postular esta entidad vuelve a desviar nuestra atención de la inmediatez de la experiencia para llevarla a un nivel hipotético. Nos remonta a la misma y vieja concatenación de ficciones de la que intentábamos apartarnos.

De modo que estamos expuestos a un análisis constante, a una observación constante, que debe continuar aplicándose a todas las fases de nuestra experiencia, para remitirnos a esta inmediatez total. Esta inmediatez es el campo creativo más potente que existe. El potencial creativo de este campo se menciona en los textos tántricos como **bindu**, y como **thig-le** en tibetano.

P: ¿Es posible, si uno ya ha tenido cierta experiencia de la vida, ahondar directamente en la senda tántrica?
G: Existe cierto riesgo en el hecho de intentar llevar a cabo prácticas avanzadas sin disponer del cimiento adecuado. A menos que no se hayan recorrido realmente las experiencias preliminares, podrían extraerse conclusiones sobre una base de información deficiente. Y podrían producir un efecto exactamente contrario al que se desea. En toda la historia budista se ha enfatizado el aprendizaje, el aprender pero más desde el punto de vista filosófico. Y esto comienza con ver.

En el budismo tradicional lo que generalmente se aprende al principio son las Cuatro Verdades Nobles. Incluso estas verdades fundamentales son producto de un largo, larguísimo proceso llevado a cabo por el Buda. Después de que Buda cumplió todas las prácticas tradicionalmente aceptadas, llegó el momento en que se convirtió en el Iluminado. Sólo después de ese momento formuló las cuatro verdades.

El Buda formuló estas verdades en orden inverso de causa y efecto. Generalmente pensamos en términos de causa y luego efecto pero aquí estas verdades se presentan en el orden de efecto y luego causa.

Este orden de presentación está orientado didácticamente. En primer lugar, tenemos que enfrentarnos con lo que está allí. Luego, cuando ya estamos dispuestos a aceptarlo, podemos preguntarnos cómo surgió. El tercer Dalai Lama escribió un bello libro sobre las etapas de la senda espiritual, en el que utiliza una metáfora excelente para ilustrar la naturaleza de este proceso de aprendizaje. Un hombre camina muy satisfecho, complaciente, alegre. No tiene ninguna preocupación. Súbitamente se produce un gran choque y descubre que ha sido golpeado por un torrente de agua fría.

Sufre un sobresalto y mira para ver qué ha ocurrido. Su inteligencia al haber sido enfrentada con determinada situación está totalmente despierta. Y ve: «¡Oh, sí, estalló la cañería!» De modo que ha visto el efecto, ha determinado la causa y ya se encuentra en la tercera verdad: sabe que existe un modo de detener esto. El tercer Dalai Lama prosigue y aplica esta analogía a un nivel mucho más profundo. En primer lugar debemos ver qué hay allí. Con el objeto de hacerlo, necesitamos un estudio constante. Cuando hemos aprendido realmente algo acerca de ello, llegamos al punto en el que podemos comenzar a practicar en relación con lo que hemos aprendido. Existe un prolongado proceso entre mi decisión de que debo ser amable con otros y el punto en que realmente soy amable con otros. Antes de que dicha amabilidad pase a ser parte de nosotros mismos debemos aprender mucho sobre lo que es o significa.

En inglés existe la expresión «estar absolutamente de acuerdo». Pero quizá, más representativa de la verdadera actitud que existe en Occidente como consecuencia acumulada de nuestra tradición fuera la frase: «estar totalmente de acuerdo conmigo mismo». Aunque hubiéramos realizado las prácticas tántricas resultarían completamente inútiles siempre que conserváramos esta actitud yoica.

En la tradición tántrica existe la descripción simbólica de la experiencia de una luz brillante. Es una especie de energía informe que aparece ante nosotros como una luz brillante. Ahora bien, no podemos tener experiencia de luz mientras estemos implicados en la huida de nuestro ego de la oscuridad. En realidad, es esta misma implicación del ego la que bloquea la luz. Por eso, en primer lugar debemos descubrir este «yo» que entra y distorsiona nuestro ser. Una vez hayamos descubierto lo que esto es y cómo se ha producido, podremos liberar aquellas energías que conducen a la transformación. La transformación en la ausencia del yo no nos convierte en una entidad amorfa sino que conduce directamente a lo que el fallecido Abraham Maslow denominó la «experiencia cumbre». Maslow también acumuló el término «experiencia horizontal» que puede comprenderse como la expansión continuada de la experiencia cumbre. Considero que la experiencia horizontal podría equipararse con la condición de Buda mientras que las repetidas experiencias cumbres podrían asociarse con bodhisattva o arhat.

Pero como también señaló Maslow, antes de alcanzar estas experiencias debemos trabajar a fondo. Ha de echarse un sólido cimiento, de lo contrario, toda experiencia extraordinaria que vivamos será sumamente precaria e infundada y cualquier ráfaga de viento sencillamente la arrastrará. Estaremos nuevamente en el punto de partida, aunque peor puesto que las secuelas de esta experiencia extraordinaria se interpondrán en el camino. De modo que aunque existe una fuerte tendencia a tomar un atajo, desgraciadamente esto no puede funcionar.

P: ¿El concepto de alayavijnana es de algún modo análogo a la idea de Jung de los arquetipos en tanto que raíces potenciales de muerte, descomposición y renacimiento?

G: En cierto sentido se aproxima pero uno no debe equipararlos directamente. Con determinados arquetipos se aproxima bastante pero, al formar parte de la tradición occidental, cae en la idea de que hay alguien, una entidad, con la que los arquetipos se relacionan. En este punto Jung se vio limitado por su aristotelismo. Ni intento degradar el aristotelismo —después de todo es uno de los mejores sistemas producidos por el pensamiento occidental— pero evidentemente tiene defectos.

Para ser más preciso, Aristóteles habló de la psique como objeto de investigación. Desde este enfoque, ya nos encontramos con un sistema que presupone la división entre sujeto y objeto. En este sistema sujeto y objeto, en lugar de ser complementarios, aspectos diversos de la misma unidad, son entidades separadas que se oponen entre sí. La palabra «objeto» significa «lanzado contra». Los vocablos hindúes carecen de esta característica dualista. Los hindúes hablaban de lo «aprehensible» y el «aprehensor», que se encuentran casi a un mismo nivel y son aspectos del mismo proceso. No puede existir uno sin el otro.

P: ¿A través del proceso descrito tiene lugar la división original del ego trascendental y el ego empírico?
G: Para tratar de situarlo a nivel de la experiencia corriente es similar al proceso en el cual una persona que se siente disminuida, frustrada, incompleta, proyecta la idea de lo que le gustaría que fuese su ego real. Esta sería la proyección del ego trascendental. Aunque parezca extraño este ego trascendental era, según la tradicición kantiana, algo que la persona nunca podía alcanzar estando más o menos condenada al nivel de la experiencia incompleta o inauténtica. Sólo en la medida en que era capaz de someterse a los dictados del ego trascendental se convertía en un ser humano. A medida que evolucionó la filosofía moderna, la altísima concepción kantiana de la libertad dejó de ser considerada y desarrollada puesto que implicaba el sometimiento total a una ficción.

Según la tradición Nyingmapa del budismo tibetano, cuando tiene lugar esta división sólo existe el ignorante básico, **avidya** (en tibetano **ma-rig-pa**), que es considerado por el ego empírico como el ego trascendental. El yo empírico, que se siente incompleto y frustrado confunde lo desconocido con su yo auténtico.

Así, el análisis Nyingmapa en la medida en que glorifica realmente al ignorante como el yo esencial contiene una crítica implícita de la filosofía egotista. De acuerdo con este análisis, en cuanto el yo trascendental se afirma todos los procesos posteriores de experiencia que implican la conciencia corporal, etc., se relacionan con este centro ficticio.

P: ¿Puede establecer las relaciones existentes entre el tantra y el advaistismo?
G: El término **advaita,** tal como lo empleamos, proviene del Vendanta de Shankara. Los budistas nunca emplearon esta palabra sino, más bien, el término **advaya.** Advaya significa «dos-no»; advaita quiere decir «uno sin segundo». El concepto de «uno sin segundo» nos introduce de inmediato en el reino de las ficciones dualistas. En lugar de permanecer en la experiencia inmediata, con la idea de «uno» aceptamos un objeto definido. Esto, necesariamente, contrasta con un sujeto definido, que es la implicación que Shankara deseaba negar con el «sin un segundo». Al decir «dos-no» uno permanece en terreno sólido porque «dos-no» no significa «uno». Esta conclusión no se sostiene.

En las obras de Saraha y otros maestros budistas, se afirma que es imposible decir «uno» sin prejuzgar la experiencia. Pero Shankara y sus seguidores se vieron obligados por la autoridad sagrada de los Vedas a afirmar este Uno y también a agregar la idea de «sin un segundo». Lo que querían decir era que sólo Atman es real. Ahora bien, la lógica de su posición los obligaría a añadir que todo lo demás es irreal. Pero ni el mismo Shankara se refiere con claridad a esta cuestión. Reintrodujo la idea de ilusión que previamente había rechazado. Si sólo Atman es real, toda ilusión aparte de éste es imposible. Pero se vio obligado a aceptar la idea de ilusión. Y también a adoptar una posición filosófica que, si se expresara en una fórmula matemática, configuraría un desatino absoluto. De este modo, podría decirse que el Vedanta es, intelectualmente, un desatino. Pero ejerció una gran influencia y, como sabemos, el intelecto no lo es todo. No obstante, el análisis Madhayamika demostró que la fórmula Vedanta no es lógicamente válida. Como ya he dicho, el mismo Shankara no fue totalmente claro en este tópico.

Al traducir los textos budistas es necesario tener sumo cuidado con la palabra «ilusión». A veces aparece en un sentido que casi es apodíctico o de juicio. Esto ocurre, sobre todo, en la poesía, en la que uno no puede destruir el modelo del fluir de las palabras para hacer calificaciones filosóficas específicas. Pero la posición budista básica con respecto a la ilusión, como tienen el buen ciudado de señalar los trabajos en prosa, no es la afirmación apodíctica realizada por los seguidores de Shankara según el cual el mundo **es** ilusión. La posición budista afirma que el mundo podría ser **como** una ilusión. Hay una gran diferencia lógica entre afirmar que el mundo **es** una ilusión y que el mundo podría ser **como** una ilusión. La posición budista aplaza el juicio.

Aunque se ha sugerido que Shankara era un falso budista debido a que, en realidad, se apropió de casi toda la concepción epistemológica y metafísica de los budistas, esta diferencia tan crucial sigue en pie.

Capítulo XI

PREGUNTAS Y RESPUESTAS: RINPOCHE

P: ¿Qué es abhisheka?
R: El significado literal de **abhisheka** es «unción». Etimológicamente quiere decir «rociar y verter». Viene a significar un emerger a la autenticidad, la confirmación de la existencia de uno como persona real a consecuencia de haber asumido el modo de ser original de uno tal como es. Pero abhisheka no puede realizarse hasta que la educación del discípulo le haya hecho alcanzar una plena comprensión de la rendición que ésta implica. Postrándose ha relacionado su cuerpo con la tierra. Ha repetido una y otra vez la fórmula siguiente: «Me refugio en el Buda; me refugio en el Dharma; me refugio en el Sangha.» Se ha refugiado en el Buda como ejemplo; se ha refugiado en el Dharma como la Senla; se ha refugiado en el Sangha, como su compañero en la Senda. De este modo, ha aceptado la totalidad del universo como parte de su seguridad, evitando la paranoia que surge de la situación de conservar el yo. De ese modo ha preparado el espacio de

abhisheka. Al haber preparad oel espacio, puede relajarse: puede permitirse descansar.

El abhisheka es producto del encuentro de dos mentes. El gurú se identifica con la deidad de un determinado mandala y alienta al discípulo para que haga lo mismo. Luego el discípulo es coronado y entronizado con todos los atributos de ese simbolismo determinado. Por ejemplo, la deidad en cuestión puede albergar entre sus manos una campana y un vajra. El gurú da al discípulo una campana y un vajra con el objeto de ayudarlo a identificarse con la deidad. Este es el desarrollo de lo que se conoce en el lenguaje tántrico como orgullo vajra, orgullo indestructible. Uno lo desarrolla debido a que **es** la deidad. Uno ha sido reconocido como tal por su colega. Él también lo ha aceptado: ambos comparten el mismo espacio, por así decirlo.

P: ¿Se entremezclan los diversos yanas y medios? ¿Forman todos parte del Vajrayana?
R: Parece que básicamente toda la práctica forma parte del Vajrayana debido a que uno no puede desarrollar una práctica discontinua. Uno comienza en el nivel rudimentario del yo samsárico y lo utiliza como cimiento del tantra; luego encuentra la senda y más tarde la complacencia. Pero si uno no comienza con cierto material, aunque resulte aparentemente tosco, el proceso no puede desarrollarse. Desde el momento en que uno comienza con algo, ese punto de partida o escalón constituye la continuidad de la senda de uno.

No obstante, tal como yo veo las cosas, los occidentales están todavía hoy muy poco preparados para la práctica del Vajrayana pues aún no han asimilado la sabiduría fundamental del budismo. En general, ni siquiera cuentan con las ideas iniciales del sufrimiento tal como las postulan en las Cuatro Verdades Nobles. En este punto la introducción del budismo en Occidente ha de ser, en gran medida, a nivel Hinayana. Las personas deben relacionarse con el valor de sentarse y meditar y extraer de sus mentes todo tipo de material. La verdad del sufrimiento radica en preguntarse si el mundo es o no la verdad esencial. Si el mundo es la verdad, ¿es esta dolor o placer? En primer lugar las personas han de resolver estas cuestiones realizando las prácticas de principiante.

Es de esperar que en los próximos veinte a treinta años puedan introducirse correctamente los principios Vajrayanas que se ocupan de la creación de mandalas y de la identificación con las deidades. Ahora sería demasiado prematuro. Como señaló el profesor Guenther, el tantra ha sido erróneamente comprendido desde el principio. De modo que, en primer lugar, se ha de corregir este error fundamental. Una vez corregido, uno comienza a sentir algo, luego lo mastica y lo traga. Más tarde comienza a digerirlo. Este proceso llevará mucho tiempo.

P: ¿Puede decir algo sobre la experimentación de deidades?
R: En el simbolismo iconográfico del tantra existen distintos tipos de mandalas con diversas deidades. Están asociados con todos los tipos de estados psicológicos. Cuando una persona maneja este simbolismo no tiene problemas para identificarse con dichas deidades. Son muy variadas. Está el Padra Tantra, la Madre Tantra y el Tantra No-Dual. Se trata de un simbolismo que se relaciona con las cinco familias budas: la familia de la ira, la familia del orgullo, la familia de la pasión, la familia de la envidia y la familia de la ignorancia. Cuando una persona ha preparado el terreno y es capaz de relajarse, está en condiciones de ver los rasgos sobresalientes de su ser original en términos de estas cinco energías. Estas energías no son consideradas como negativas, de tal modo que uno debe abandonarlas. Mejor dicho, uno comienza a respetar estas semillas que posee en sí. Uno comienza a relacionarse con

ellas como todo tipo de deidades que forman parte de uno. Todo esto exige un prolongado proceso.

P: ¿Podría explicar la diferencia entre orgullo vajra y orgullo espiritual basado en el yo? He visto a muchos jóvenes comprometidos con la espiritualidad que parecen infatuados de fariseísmo.

R: Bien, parece que ese es un punto crucial. Reside en la diferencia —hablando en términos de la práctica tántrica— entre la creencia real de identificarse con un determinado aspecto de uno mismo como deidad o relacionarse con aquellas deidades en tanto que sueño o ideal de lo que a uno le gustaría ser. En realidad, en cierto sentido estas dos situaciones están muy próximas debido a que incluso en el primer caso a uno le gustaría alcanzar la iluminación. En este caso, sin embargo, existe la posibilidad de relacionarse con un ser iluminado o, mejor aún, de identificarse con la actitud iluminada. Esto demuestra de manera contundente que la iluminación existe y que, en consecuencia, uno puede permitirse renunciar a sus adhesiones y comprensiones. Fácilmente podría hablar de una línea muy fina entre esta situación y el considerar farisaicamente que uno ya está allí.

Creo que la versión ególatra del orgullo espiritual se basa en la fe ciega o en lo que se conoce coloquialmente como un «viaje al amor y a la luz». Esto es tener fe ciega en que, puesto que a uno le gustaría ser así o de tal otro modo, uno ya lo es. De este modo, uno podría convertirse en Rudra, alcanzar la convicción de Rudra. Por otro lado, el orgullo vajra surge al enfrentarse con la realidad de la propia naturaleza. No se trata de convertirse en lo que uno querría ser sino en dejar florecer plenamente las propias energías reales. El confuso orgullo ególatra es producto de la indulgencia con que racionalizamos una naturaleza ficticia; consiste en tratar de convertirse en otra cosa en lugar de estar dispuesto a ser lo que uno es.

P: ¿Puede relacionarnos la tendencia de saltar de una cosa a otra con la sujeción que es característica del ego?
R: Podría decirse que la fijación o sujeción es conciencia de sí mismo, que se relaciona con morar en algo o, en otras palabras, en apoyarse en algo. Es decir, uno teme no estar seguro en su asiento y, en consecuencia, tiene que aferrarse a algo, apoyarse en algo. Es como un pájaro que se posa en un árbol: el viento podría agitar el árbol de modo que el pájaro tiene qua aferrarse. Este proceso de apoyo, este proceso de-aferrarse-a-algo ocurre en todo momento. En modo alguno está restringido a la acción consciente sino que también actúa inconscientemente. Si el pájaro se duerme en el árbol, sigue igualmente apoyado, aferrado. Al igual que el pájaro, uno desarrolla ese talento extraordinario de ser capaz de aferrarse durante el sueño. El salto se realiza cuando uno busca constantemente algo donde apoyarse o siempre que debe ir al mismo paso que algo con el fin de matener el apoyo. El salto contiene la misma idea que samsara: dar vueltas persiguiéndose la cola. Con el objeto de asegurarse, con el fin de apoyarse, con el propósito de morar en algo, uno necesita saltar para alcanzarse a sí mismo. Así, aunque parezca extraño, con respecto al juego del yo, el salto y la fijación parecen ser complementarios.

P: ¿El morar se relaciona con la falta de percepción de la transitoriedad?
R: Sí, podría expresarse así. El budismo enfatiza, en gran medida, la idea de transitoriedad. Concienciarla significa comprender que la muerte y el nacimiento se suceden constantemente de modo que, en realidad, no hay nada fijo. Si uno comienza a comprender esto y no va contra el fluir natural de los acontecimientos, ya no es necesario recrear samsara a cada instante. Samsara, o la mentalidad samsárica, se basa en la solidificación de la existencia, en hacerse permanente, perpe-

tuo. Con este objeto y dado que en realidad no hay nada en lo que aferrarse o sentarse, uno debe recrear constantemente el aferramiento, el apoyo, el salto.

P: ¿Cuál es la diferencia entre prajna y jnana?
R: Prajna es precisión. Frecuentemente se la simboliza mediante la espada de Manjushri, que corta la raíz de la dualidad. Es la precisión o agudeza de la inteligencia que interrumpe el fluir samsárico, corta la aorta de samsara. Es un proceso que engendra el caos en la circulación suave de mantener el yo o la mente samsárica. Esto todavía es una dirección, una experiencia, un proceso de aprendizaje que intenta llegar a algo.

Jnana trasciende el proceso de aprendizaje, trasciende la lucha de cualquier tipo, simplemente es. Jnana es una especie de samurai satisfecho de sí mismo; ya no tiene que luchar. Una analogía empleada por el maestro tibetano Petrul Rinpoche para describir jnana consiste en una vieja vaca que pasta con toda alegría en la pradera: hay implicación total, consumación total. Ya no es necesario cortar nada. En consecuencia, jnana es un estado superior. Activa a nivel de Buda en tanto prajna está a nivel de bodhisattva.

P: ¿Prajna incluye la percepción intuitiva y el conocimiento que surge de la mente racional?
R: Como verá, desde la perspectiva budista intuición y racionalidad son algo muy distinto a lo que se entiende normalmente. Intuición e intelecto sólo pueden provenir de la ausencia de eso. En este caso es realmente la intuición, el intelecto. No se relaciona con el tira y afloja del pensamiento comparativo, que procede del proceso de comprobación del yo. Mientras uno realiza el viaje comparativo, a mitad de camino se siente confundido de tal modo que no sabe si va o viene. El verdadero intelecto pasa por alto todo este proceso. Desde la perspectiva budista la idea esencial de intelecto es pues la ausencia de ego, que es prajna. Pero en este

caso, y en contraste con jnana, sigue manifestándose un deleite en la comprensión.

P: ¿La visualización puesto que se basa en la experiencia de shunyata, podría situarse en el nivel sambhogakaya de enseñanza?
R: La práctica de la visualización actúa a nivel dharmakaya, dado que hasta que uno no alcanza ese nivel todavía no ha operado con el juego de los fenómenos. Uno todavía no se ha encontrado con la realidad de los fenómenos tal cual es. Hasta el nivel shunyata, una está en relación con el mundo fenoménico; después comienza a ver los colores, las temperaturas, las texturas dentro de la experiencia shunyata. Este es el primer reflejo de la posible semilla de la visualización. Sin este desarrollo desde los cimientos, la práctica de la visualización podría llevarnos a utilizar el pasado y el futuro, las fantasías y los recuerdos de las formas y colores. Las cualidades románticas y los aspectos deseables de las deidades podrían centrarse hasta el punto de perder contacto con nuestro ser original. En este caso la visualización se convierte en una especie de recreación del yo.

P: ¿Es bueno practicar la meditación mientras se escucha hablar a alguien, sea usted u otra persona? ¿Es una contradicción meditar mientras se escucha? ¿Cómo debemos escuchar?
R: La literatura tradicional describe tres tipos de oyentes. En el primer caso, la mente de uno está tan lejos que ya no queda lugar para lo que se dice. Uno sólo está ahí físicamente. Se dice que este tipo se asemeja a un jarro boca abajo. En el segundo caso, la mente de uno se relaciona algo con lo que se dice pero, básicamente, sigue desviándose. La analogía consiste en un jarro con un agujero en el fondo. Cualquier cosa que uno vierta se cuela por abajo. En el tercer caso, la mente del oyente contiene agresión, celos, todo tipo

de destrucción. Uno experimenta sentimentos confusos con respecto a lo que se dice y no puede comprenderlo realmente. El jarro no está boca abajo ni tiene un agujero en el fondo sino que no ha sido correctamente limpiado. Contiene veneno.

La recomendación general para escuchar consiste en tratar de comunicarse con la inteligencia del orador; uno se relaciona con la situación como si del encuentro de dos mentes se tratara. Uno no necesita específicamente tener presentes estos requisitos ya que si no la meditación se convertiría en una ocupación extra. Pero el orador puede convertirse en técnica de meditación y ocupar su lugar, identificarse, por ejemplo, con la respiración en la meditación en posición de sentado. La voz del orador formaría parte del proceso de identificación, de modo que uno se acercaría a ella como modo de identificarse con lo que el orador dice.

P: Al ver a alguien, aparentemente por primera vez, a veces tengo la extraña sensación de haberla conocido anteriormente, una especie de sensación de **déjà vu**. Y en algunos casos esa persona dice experimentar lo mismo. Aunque nunca nos hemos visto concretamente en esta vida, es como si nos hubiéramos conocido antes en otro sitio. ¿Cómo explica estos fenómenos?

R: Yo diría que tienen lugar incidentes sucesivos y que cada incidente del proceso tiene una relación con el pasado. El proceso simplemente se desarrolla así. Parece bastante sencillo.

P: ¿Acaso uno tiene alguna especie de resaca del pasado, algún preconcepto y eso es lo que le lleva a pensar que ha visto antes a esa persona?

R: Uno lo hace en cualquier caso. Irradias algún tipo de energía que te permite relacionarte con las situaciones tal como son. Sin eso, no estaríamos aquí. Pero no parece existir ningún problema en ello. Esa energía de estar aquí del modo en que estamos aquí ahora es algo que debemos aceptar. La realización parcial de esto podría inyectar cierta inspiración. Pero no exime a uno de tener que pasar por su situación.

P: Parece muy misterioso.
R: Si uno ve la situación en su totalidad, de algún modo ese misterio se diluye. Parece misterioso porque no percibimos todas las sutilezas de las cosas tal como son. Si uno acepta la situación, deja de ser un misterio.

P: De algún modo uno deja de ver a otras personas como personas totalmente distintas, separadas de uno mismo. Por momentos casi parece uno mismo contemplándose a sí mismo. Casi, pero no totalmente.
R: En ese momento parece existir una contradicción directa. Uno ve las personas como separadas pero, al mismo tiempo, también las ve como parte de su naturaleza innata. De algún modo la verdad de la situación no reside en la lógica sino en las mismas percepciones. Si se trata de un acontecimiento real que va directamente contra la lógica, no tiene nada de malo.

P: ¿Puede dar un ejemplo de cosas que van contra la lógica? Nunca he encontrado ninguno.
R: Hay todo tipo de ejemplos así. Uno intenta ser una persona ideal, intenta alcanzar el karma ideal, ser bueno con todos, etc. Súbitamente recibe un tremendo castigo. Este tipo de cosas suceden constantemente. Es uno de los problemas que el cristianismo no resolvió. «Los míos son buenos cristianos, ¿cómo es que fueron asesinados en la guerra? ¿Cómo encaja esto en la ley divina de la justicia?»

P: Yo no diría que se trata de una cuestión de lógica. La lógica no revela nada en torno a lo que debiera suceder en el mundo. No tiene nada que ver con ello.
R: La lógica proviene de las expectativas. Si me caigo debo lastimarme. Creemos que debemos sentir do-

lor porque si nos caemos **esperamos** hacernos daño. Hemos creado unos modelos mentales que aplicamos en todo momento. Hemos sido condicionados por nuestras culturas, nuestras tradiciones, lo que sea. Esto es malo; lo otro es bueno. Si uno se considera bueno, entonces, según esta lógica, uno se considera bueno sin lugar a dudas. A uno deben ocurrirle todo tipo de cosas buenas. Pero ocurre que no existe una doctrina fija sobre nada, ningún tipo de historia ejemplar de lo que debiera ser, ningún manual ni diccionario acerca de lo que debiera existir en el uiverso. Las cosas no suceden de acuerdo con nuestras expectativas conceptualizadas. Este es el motivo por el cual nos apresuramos a dictar reglas para todo tipo de cosa. Así, si uno tiene un accidente, eso podría ser bueno. Podría indicar algo, además de desastre.

P: ¿Quiere decir que si sufrimos en nuestras vidas esto puede ser bueno debido a que nos ofrece la oportunidad de aceptar el desafío y trascenderlo? ¿Que podría servirnos en términos de renacimiento?
R: No quiero decir que las cosas siempre son para bien. Pueden ser eternamente aterrorizantes. Uno podría estar eternamente condenado; puesto que uno sufre en esta vida, esto podría hacer que también sufriera en la siguiente. La cuestión no está particularmente determinada por la bondad. Pueden ocurrir todo tipo de cosas.

P: Si uno ha tenido experiencias parciales de no-dualidad, ¿considera que de algún modo es dañino hablar sobre dichas experiencas? ¿Cree que etiquetarlas puede ser destructivo?
R: No creo que sea especialmente destructivo o malsano, aunque podría retrasar de algún modo el proceso de desarrollo dado que ofrece a uno algo para distraerse. Hace que uno intente conservar todos los extremos y zonas de sus experiencias. Hace que uno in-

tente ir al mismo paso que el análisis que hace de la situación; sin ser venenoso, se trata de un proceso de retraso. En cierto sentido lo insensibiliza a uno para relacionarse directamente con las experiencias reales. Uno no se relaciona directamente debido a que usa una armadura completa. Entonces uno actúa de acuerdo con el equilibrio de comodidad inherente a la armadura completa. «De acuerdo con mi armadura, esta experiencia tiene que ser de éste o aquel modo.»

P: ¿Cómo se quita uno la armadura?
R: No es exactamente cuestión de quitársela. Se trata de ver la posibilidad de desnudez, de ver que uno puede relacionarse desnudamente con las cosas. De este modo, en algún momento el relleno que uno lleva alrededor del cuerpo se torna superfluo. No se trata tanto de renunciar a la máscara sino de que la máscara comience a renunciar a uno debido a que ya no cumple ninguna función.

P: Ese impulso por explicar de algún modo una función del ego, ¿no es acaso un deseo de consolidar la situación? Establecer dónde estoy ahora en lugar de continuar y experimentar? ¿A qué se debe? ¿Por qué ocurre?
R: Esencialmente porque uno se relaciona con algún punto de referencia. Mientras uno reconozca algún punto de referencia de cara a un análisis comparativo, indudablemente se sentirá incómodo, ya que se sentirá demasiado lejos o no lo suficientemente cerca de aquél.

P: Parece que muchos de los problemas en el trato con otras personas son de carácter emocional. A menudo, los sentimientos que no son adecuados a la situación inmediata —que son apropiados para otra cosa— no quieren desaparecer. Uno puede saber intelectualmente que no convienen a la situación pero...
R: La idea de «adecuados a la situación» es discutible.

En primer lugar, uno debe relacionarse con la situación tal como la ve. Uno puede ver que está rodeado por un ambiente hostil. En primer lugar es necesario estudiar el ambiente hostil; ver cuán hostil o cuán intenso es. Luego uno podrá relacionarse con las cosas.

Hablar de situaciones es algo artificioso. Tenemos situaciones como nos gustaría que fueran, como podrían ser, como parecen ser. Esto está muy en el aire. En realidad, las situaciones no son determinadas. Así, antes de bailar en la tierra uno debe comprobar si no es peligroso hacerlo, si es mejor usar zapatos o si puede bailar descalzo.

P: En lo que respecta a hablar de las propias experiencias, si de algún modo fuera perjudicial para uno, ¿también lo sería para la persona con la que se está hablando? ¿No podría ser en algunas circunstancias un acto generoso? ¿Podría ser útil para ellos aunque uno se vea innecesariamente obligado a servirse de las palabras. ¿O también sería dañino para ellos?

R: Básicamente la cosa está en que no hay realidades separadas, como por ejemplo la suya y la de él. Sólo hay una realidad. Si uno es capaz de abordar un extremo de la realidad, está abordando toda la cuestión. Uno no necesita hacer estrategias en términos de los dos extremos. La realidad es una. Esto podría incomodarnos pues nos gustaría hallarnos en una posición privilegiada para manipular y equilibrar los diversos factores, de modo que todo sea seguro y estable, con las cosas ordenadamente territorializadas. Su extremo del bastón, mi extremo del bastón. Pero, básicamente, es necesario renunciar a la idea de territorio. En realidad, uno no está abordando todo el territorio sino un extremo, no las periferias sino un punto en el medio. Pero con ese punto en el medio todo el territorio está cubierto. Así, uno no tiene que intentar mantener en todo momento los dos extremos. Procede a ocuparse simplemente de la cosa única. La realidad se convierte en una realidad. Las realidades separadas no existen.

P: ¿Qué puede decirnos sobre el desarrollo del mandala en la situación vital?
R: En realidad, eso es lo que hemos estado discutiendo hasta ahora. Las complejidades de las situaciones vitales no son realmente tan complicadas como solemos creer. Las complejidades y confusiones tienen su raíz en algún lado, cuentan con un factor unificador. Las situaciones no podrían ocurrir sin un medio, sin espacio. Las situaciones ocurren debido a que en el ambiente hay oxígeno fértil, por así decirlo, que hace que sucedan cosas. Éste es el factor unificador, la raíz del mandala; en virtud de esto, el caos es metódicamente caótico. Por ejemplo, nosotros estamos aquí y allí hay muchas personas, una multitud. Pero cada persona arriba metódicamente a alguna conclusión en relación con toda la cosa. Por eso estamos aquí. Pero si un extraño pasara y contemplara el espectáculo, vería demasiadas personas, una situación demasiado complicada. No vería que hay una situación en la que todos estamos interesados, con la que todos estamos relacionados, que nos incumbe a todos. Y lo mismo ocurre con todas las situaciones vitales. El caos es metódicamente caótico.

P: ¿Quiere decir que se trata de distintas perspectivas? Cada persona tiene un motivo distinto para estar aquí; si alguien nos contemplara desde afuera, nos vería sentados aquí y quizá no sabría por qué. Y luego...
R: Quiero decir que estamos tratando de unirnos a través de la confusión.

P: ¿A mayor confusión mayor unidad?
R: Eso es lo que afirman los tántricos.

P: ¿Quiere decir que cuanta mayor confusión más difícil resulta imponer un sistema a la realidad?
R: Como verá, el caos posee un orden en virtud del cual el caos ya no es realmente caos. Pero cuando no hay caos ni confusión hay lujo y comodidad. Comodidad y lujo lo introducen a uno todavía más en la samsara debido a que se encuentra en posición de crear más tipos de posibilidades lujosas, ya sea psicológica, filosófica o físicamente. Uno puede estirar las piernas e inventar más artilugios para divertirse. Pero aunque parezca extraño, desde un punto de vista, contemplando su química, crear más situaciones lujosas se suma a la situación de caos. Es decir, finalmente todas estas conclusiones lujosas vuelven a uno y uno comienza a cuestionarlas. Y, después de todo, no es feliz. Lo que nos lleva a comprender que, en definitiva, esta incomodidad tiene su orden.

P: ¿A esto se refiere cuando habla de operar con la negatividad?
R: Exactamente. La tradición tántrica habla de transmutación: convertir el plomo en oro.

P: Cuando uno medita, ¿se supone que avanza tanto como puede o que debe rememorar sus experiencias pasadas? Avanzar parece más interesante.
R: La química de la experiencia, la ley cósmica (o como quiera llamarla), tiene su propio equilibrio natural. Uno avanza, sueña extensamente; pero seguir y seguir soñando carece de mensaje. Esto se debe a que uno no logró palpar la realidad del sueño, la realidad del avance. La cuestión estriba en que avanzando uno no puede alcanzar ningún tipo de punto infinito, a menos que experimentemos el espacio de la tierra que alberga los hechos terrenales, reales y sólidos. Así, la química básica de la experiencia nos hace retroceder totalmente, nos hace caer de nuevo. La experiencia de Buda es un ejemplo de ello. Después de haber estudiado du-

rante mucho tiempo con maestros místicos, llegó a la conclusión de que no hay salida. Comenzó a trabajar su propio camino a la inversa, es decir, hacia dentro y descubrió que hay una entrada. La iluminación es más una entrada que una salida. No me refiero a sugerir que se cultive un sentido de lo interior sino que me refiero a la relación con el aspecto sólido y terrenal de la experiencia de uno.

P: Solía pensar que existía una salida. Pero el tiempo pasaba y el conflicto seguía estando allí, de modo que supuse que debía existir un modo de vivir en medio del conflicto. Pero a veces resulta algo agotador tratar d eseguirle los pasos.
R: ¿Pero qué ocurriría si no existiera el conflicto?

P: No puedo imaginar cómo sería sin conflicto. Supongo que no resultaría muy vivo.
R: Sería abrumador. Operar con el conflicto sugiere exactamente la idea de recorrer la senda espiritual. La senda es un camino montañoso salvaje y sinuoso con todo tipo de curvas. Hay fieras, ataques de bandidos, se nos presentan todo tipo de situaciones. En lo que se refiere a la ocupación de nuestra mente, el caos de la senda es lo único que puede resultar divertido.

P: Dado que el budismo ha comenzado a introducirse en los Estados Unidos y está sufriendo interpretaciones y cambios, siendo esa su naturaleza actual, ¿qué peligros latentes prevé para nosotros en relación con él?
R: Existe el peligro de que las personas puedan relacionarse con sus diversos aspectos en lugar de hacerlo con sus propias experiencias de la senda. Los comentarios e interpretaciones suelen verse acompañados de ficciones de todo tipo. Existe el terrible peligro de que las personas se relacionen con las opiniones en torno a la senda en lugar de hacerlo con la senda en sí. Esto se debe a que en Occidente la enseñan-

za no se extiende como algo real. Se la ve como si comportara algún misterio especial y las personas se frustan al sentir que no son capaces de comprenderlo. Esta frustación se vuelca en todas direcciones buscando interpretaciones. Cuando buscamos en otro sitio un modo de interpretar nuestra frustación, cuando tratamos de mirar a su alrededor, la visión de la senda se convierte en un escenario de la vera del camino más que en el camino en sí. En la tradición budista, la senda no ha sido considerada como un estudio sociológico o arqueológico de ningún tipo, sino que más bien expresaba el retrato psicológico de uno, la geografía psicológica de no. Si uno se acerca a la senda de este modo, puede extraer su propia inspiración, incluido también el estímulo del propio background cultural. Empero, esto no significa que uno deba mezclarse en complejas interpretaciones relacionando nuestra psicología con nuestra formación cultural. Sería otra desviación. Uno debe mantenerse en lo recto y lo estrecho, en la senda. Al hacerlo, uno puede interpretar dado que en este punto la enseñanza ya no es un idioma extranjero; es un retrato psicológico muy conocido de uno mismo. Todo el proceso se torna muy obvio, muy directo, muy natural. Muy vivo, muy evidente.

P: En cuanto uno conoce las leyes y las reglas estrictas y cuenta con la experiencia, ¿puede uno comenzar a bifurcarse un poco?
R: Uno puede comenzar a extenderse en términos de las experiencias de la vida cotidiana más que en términos de filosofía u otras construcciones teóricas. La filosofía o las extrapolaciones teóricas de cualquier tipo no tienen ninguna relación personal con uno mismo. Hacerlo en estos términos no es más que recoger fantasías más amplias.

P: ¿Qué puede decirnos sobre la pereza?
R: La pereza es una piedra sumamente valiosa. La pe-

reza no es perezosa sino que es extraordinariamente inteligente. Puede crear todo tipo de disculpas. Busca por todos los medios manipular la situación general, la situación familiar, la situación emocional; invoca la salud, el presupuesto de uno; recorre todo tipo de recodos simplemente para justificarse.

Al mismo tiempo nos invade un profundo sentimiento de autodecepción. La aplicación de la lógica de la pereza actúa constantemente en la mente de uno. Uno tiene, constantemente, una conversación con uno mismo; conversación entre nuestro ser último y el sentimiento de pereza, armando la lógica que hace que las cosas parezcan completas, sencillas y suaves. Pero en uno mismo existe la certeza inconfundible de que esta lógica es, en realidad, un engaño de uno mismo. Este conocimiento subyace a la superficie evidenciando conocimiento que subyace a la superficie evidenciando que nos estamos auto-engañando, esta culpa o incomodidad, puede emplearse como trampolín para superar la pereza. Si uno está dispuesto a hacerlo, sólo necesita el reconocimiento del engaño de sí mismo. Este se convierte en un escabel con suma facilidad.

P: ¿Sabemos lo que hacemos la mayor parte del tiempo?
R: Siempre sabemos. Cuando decimos que no, sólo nos estamos engañando a nosotros mismos.. Lo sabemos. Como he dicho antes, un pájaro puede apoyarse en un árbol mientras duerme. En realidad, sabemos muy bien lo que estamos haciendo.

P: Ocurra lo que ocurra, ¿la conciencia siempre está ahí?
R: Sí, la conciencia del ego siempre está presente. Siempre está ahí, es un estado de meditación propio.

P: ¿Por qué resulta tan difícil enfrentarse con eso?
R: Porque es nuestro secreto más íntimo, nuestro teso-

ro esencial. Es aquello que nos hace sentirnos cómodos y justificados.

P: ¿Entonces es lo que necesitamos para asumir la responsabilidad?
R: El auto-engaño no se relaciona con la escala a largo plazo en la que se inserta generalmente la responsabilidad. Es muy limitado; se relaciona con los hechos actuales, las situaciones reales y a pequeña escala. Incluso como adultos seguimos conservando nuestras cualidades adolescentes. En nosotros siempre está presente esa picardía, una especia de astucia que nos acusa en todo momento y que invade totalmente nuestra experiencia.

P: ¿Puede resultar beneficioso tratar de relajarse durante la meditación?
R: Desde la perspecitva budista, la meditación no intenta promocionar la relajación ni, en este sentido, ninguna condición placentera. La meditación intenta ser provocativa. Uno se sienta y deja que las cosas lo recorran —tensión, pasión o agresión—, que surjan todo tipo de cosas. La meditación budista no es el tipo de ejercicio mental que nos conduce a un estado de relajación. Se trata de una actividad totalmente distinta que no conlleva ninguna finalidad determinada ni la exigencia inmediata de lograr algo. En último extremo, se refiere a estar abierto o dispuesto.

ÍNDICE